EL BURLADOR DE SEVILLA

MARTA LA PIADOSA

Tirso de Molina

EL BURLADOR DE SEVILLA

MARTA LA PIADOSA

Edición de Antonio Prieto

BIBLIOTECA NUEVA

Diseño de cubierta: José María Cerezo/ACK

ISBN: 84-7030-470-4
Depósito Legal: M-30.687-1997

Impreso en: Rógar, S. A.
Impreso en España - Printed in Spain

INTRODUCCIÓN

I. De Tirso y su tiempo

Por ejemplo, la mirada. El tú y yo nos miramos a través de la luz, en la que se transportan unas sensaciones, había elevado la mirada, con su ascendencia clásica, al más noble de los sentidos en el tiempo renacentista, lejos aún de *El engaño a los ojos* cervantino perdido o no realizado. En ese mirar, mirarnos, había recogido Guido Cavalcanti para la poesía los «espíritus subtiles» que tanto caminarán por una lírica, como en el Dante de la *Vita nuova* o en el Garcilaso de su soneto «De aquella vista pura y excelente» e incluso en el enamorado Lope de Vega que prologa *El caballero de Olmedo.* Se trataba de una valoración de la mirada muy distinta del juego conceptual con los ojos que había empleado la poesía cancioneril, incorporando a veces un especial debate entre el corazón y los ojos que podía recordar la *Disputatio inter Cor et Oculum* atribuida a Walter *Map.* Pero la mirada, con su capacidad de engañar la vida atrapando la belleza, con su buscar interiormente una naturaleza ideal, arcádica, es un sentido que fue desgastándose por un realismo discreto («La mayor discreción es acomodarse al tiempo», dirá Lope), y el sentido referencial del oído irá elevándose. En el mismo Lope, que tanto se dio en la palabra, en su comedia *El ejemplo de casadas...* nos presenta al personaje de Enrico, quien claramente señala:

> Fui de mi padre advertido
> cuando comenzaba a ser,
> que no escogiese mujer
> la vista, sino el oído.

Naturalmente que la mirada y el oído convivirán en nuestro tiempo, compaginándose a veces para animar el sentido del tacto, pero la señalada desviación existe y es señal de un cierto cambio de la contemplación y culto engaño a la acción y desengaño existencial que se enmarca en una realidad histórica en cuyo cauce late la desmitificación y condena que realiza Tirso en *El burlador,* tan opuesto al sentido popularizador que el romántico Zorrilla le dará a su *Don Juan,* dentro de una cierta demonología[1].

Cuando Tirso de Molina nace literariamente, un mundo barroco (al que el mercedario va a representar) está dominando el escenario hispánico, tras haber individualizado (y deformado o procesado) el mundo renacentista. La cronología de Tirso aún siente un mundo que pudo creer en *Amadís* y soñarse caballerescamente en la batalla de Alcazarquivir rendida por el rey don Sebastián y donde también moriría el poeta Francisco de Aldana, recordados ambos por el Lope de Vega de su *Tragedia del rey don Sebastián* o el Luis Vélez de Guevara de su *Comedia famosa del rey don Sebastián.* Este sentimiento se advierte en un autor tan dado a su público y tan formador de él como Lope de Vega. En la comedia histórica *La mayor desgracia de Carlos V,* en la que sigue básicamente la *Historia* de Sandoval y la *Topographia de Argel* del padre Haedo, Lope trata, con sus apelaciones hechiceras, la derrota de Argel de las tropas imperiales, con Carlos V al frente. Pero esta realidad histórica, con lo que Argel representaba, no podía ofrecérsela a *su* público y entonces altera la historia, invierte la cronología, y tras la derrota de Argel retorna el emperador a África para obtener la gloriosa victoria de la toma de Túnez, acaecida históricamente mucho antes, en un julio de 1535 sobre cuyas arenas africanas también estuvo Garcilaso de la Vega.

Recordemos así brevemente unas fechas que anteceden al nacimiento de fray Gabriel Téllez, porque esas fechas (con lo que en ellas se gana o pierde) van a seguir repre-

---

[1] Cfr. Aurora Egido, «Sobre la demonología de los burladores. De Tirso a Zorrilla», en *Iberoromania,* 1987, núm. 26, págs. 19-40.

sentándose en un teatro barroco, en el que el hombre-autor se representa a sí mismo no tanto como es, sino en circunstancias o hechos en los que le apetecería ser (para afirmarlos o negarlos). Es donde el hombre juega esa nota tan característica del Barroco que es la dualidad, hasta hacer del teatro la manifestación y expresión literarias más típicas de su siglo[2].

En 1561, Felipe II centraliza en Madrid la corte española (que era también la de un Imperio) y su centralización implica, indirectamente, el asentamiento en «madrilelismo» de un teatro que jugaba por las esquinas españolas a presentar sus enredos de amor y espada. La comedia barroca se nutría, básicamente, tras las cortinas madrileñas, y éstas se descorrían para que el hombre se viese fuera de sí, doblado en personaje. El mundo, o la vida, sinónimo de teatro, atrae a ese hombre y quiere ser espectador de su propia acción como si asistiera despierto a la realización de su propio sueño de vivir. Madrid descorrerá las cortinas para ese verse que, allá en el fondo, arranca de la individualización de un defraudamiento, porque late el vitalismo del desengaño. Y en las honras fúnebres del monarca que hizo corte Madrid, el dominico fray Alonso de Cabrera apelará en su sermón a la idea de que «es la tierra el teatro en que se representan las farsas humanas»[3]. Con todas sus com-

[2] Cfr. para este valor representativo del Barroco, y en relación con el arte, Emilio Orozco Díaz, *El teatro y la teatralidad del Barroco*, Barcelona, Ensayos/Planeta, 1969.

[3] Lo cita Ángel Valbuena Prat en su fundamental prólogo a *Calderón de la Barca: Autos Sacramentales*, Madrid, 1942, quien en su *Historia de la Literatura Española* (G. Gili, Barcelona, 1968, I, págs. 790-791) lo relaciona inmediatamente con el pasaje cervantino que cito a continuación. A la afirmación «¿no has visto tú representar alguna comedia, adonde se introducen reyes, emperadores y pontífices...? Acabada la comedia y desnudándose de los vestidos della quedan todos los recitantes iguales», responde el Barroco, en su *representación*, con el sentido igualatorio y democrático de la Muerte medieval. Desde el don Quijote, aún renacentista, que advierte que en la vida «en llegando al fin... a todos quita la muerte las ropas que los diferenciaban, y quedan iguales en la sepultura» hasta Saavedra Fajardo, cuya página final de las *Empresas* se remata con el terceto «¿Qué os arrogáis, oh príncipes, oh reyes? / si en los ultrajes de la

plejas implicaciones, esta escenificación de la vida que tocará el pesimismo de Gracián era también, en su base, un defenderse del desengaño por lo ido. Cerrar unas cortinas (que cerrará realmente la Muerte) para no recordar un tiempo cercano increíblemente ido y, en cuyo contraste, Tirso vivirá su desengaño barroco.

Fueron unos intensos y breves años que la cronología de Tirso casi llegó a gozar, y que sintió como contraste en el típico contrastar barroco. En 1571, como si la ilusión de un Imperio dibujada por Hernando de Acuña fuera capaz de despertar el mesianismo de Amadís y Esplandián (que fueron encantados por Urganda), tenía lugar la batalla de Lepanto. La Constantinopla, acariciada como conquista en libros de caballerías por Tirant, Amadís o Palmerín, tenía ahora nombres concretos y llenos de juventud, como Juan de Austria o Miguel de Cervantes (y era una concreción que también había soñado en octavas Tasso en su *Gerusalemme* y recogerá Lope de Vega). Una sociedad parecía tener razón para hablar y soñar como su modelo Amadís.

Pero muy poco después, en 1578, las cortinas de ese escenario real que respiró en Lepanto comienzan a cerrarse. La vida es sueño, podrá escribirse. Comienza a morir realmente con la espada (y sin una Urganda que los detenga mesiánicamente) una juventud que supo encender con su presencia lo que, nacionalizándose, sólo parecía anidar en unas páginas herederas de la vieja materia de Bretaña, de Artús y caballeros como Tristán o Lancelot. El 4 de agosto de 1578, en Alcazarquivir, un ejército occidental, que dio a uno de sus extremos el nombre de «Ala de los Enamorados», es *increíblemente* derrotado. Un poeta que muere, Francisco de Aldana, no podrá cumplir ya su aspiración del contemplar renacentista y el joven rey que mandaba aquel sueño, don Sebastián de Portugal, muere en la batalla como símbolo. Es una muerte que tiene toda la belleza (y la in-

---

Muerte fría / comunes sois con los demás mortales.» Creo que en este sentido ante la muerte se alimenta bastante, en su *verdad*, la posición reiterada de Tirso contra la *vanidad mundana* de una nobleza.

tensa tristeza) de la juventud; pero también la respuesta a un realismo lógico desaconsejador de tal empresa o aventura. Un otro poeta todavía renancentista, Fernando de Herrera, se estremece elegíacamente por la pérdida del rey don Sebastián, y una leyenda se resiste a aceptarla, envolviendo la muerte del monarca en ese mesianismo (sebastianismo) que tenían el rey Artús y los héroes de *Amadís.*

Un poco más, y en octubre de ese mismo año, muere en su campamento de Namur, a los treinta y tres años, don Juan de Austria. Quien tuvo su espada en Lepanto ya no tiene tiempo, como lo tuvieron Garcilaso y Aldana, de morir en acto, y es la discreta realidad del tifus quien siega su vida cuando todavía la forma de morir importa[4]. Es otra muerte terrible, y el desengaño (que ya se había abierto en la herida anónima de Lazarillo) comienza a derrocar unos ideales renancentistas que se harán profunda amargura en Mateo Alemán y en Gracián.

La muerte de don Juan de Austria es increíble para muchos, como muchísimos lectores rechazaron la muerte de «mal de costado» de un héroe caballeresco como Tirant lo Blanch.

El tiempo, con su soledad y desengaño (individualizándose), es ya barroco, y cuando en 1580 Cervantes embarca

---

[4] La forma como interioridad que se ejecutó en acción (como armonía), y que es distinto al escultórico morir que representará el Barroco, explícito ya, por ejemplo, en la *Gerusalemme*, de Tasso, donde (VIII, 33) el príncipe Sveno, *escénicamente:*

> Giacea, prono non già; ma, come vòlto
> ebbe sempre a le stelle il suo desire,
> dritto ei teneva in verso il cielo il vòlto
> in guisa d'uomo che pur là suso aspire.
> Chiusa la destra, e 'l pugno avea raccolto,
> e stretto il ferro, e in atto è di ferire;
> l'altra su 'l petto in modo umile e pio
> si posa, e par che perdón chieggia a Dio.

Es el acto de morir que, en perfecta representación, interpretará don Rodrigo Calderón en 1621 ante el patíbulo, escenificando ante la muerte su frase «Esto es triunfo y gloria», que el pueblo (espectador) aplaudirá en silencio.

para España, rescatado de su glorioso cautiverio de Argel, se encuentra con una realidad barroca y una discreción prudente, ajenas a las alas de Lepanto[5]. Comienza la tristeza que se acunará en la ironía del anacrónico caballero don Quijote de la Mancha. Porque él ya no se acomoda a ese tiempo nuevo, que sí hace suyo un joven poeta que comienza a escribir, Lope de Vega. Es lógico que la comedia, como espejo, que horacianamente anima a Cervantes, también penetre en el *Quijote*, y que el caballero diga a su escudero (en II, XII) que «ninguna comparación hay que más al vivo nos represente lo que somos y lo que habemos de ser como la comedia y los comediantes».

En 1581, Felipe II es proclamado rey de Portugal, cuando acaban de nacer Quevedo y Tirso de Molina. Todavía ese mismo año 1581 muere Bernal Díaz del Castillo, el historiador y soldado de Cortés y una estirpe que dio a tierras americanas topónimos arrancados de los libros de caballerías. Mas ya todo eso es como un eco que se pierde ante la cotidiana acción barroca, donde espada y pluma van siendo enemigas. (En *La hora de todos*, Quevedo afirmará

[5] José María Jover, en su excelente monografía *1635. Historia de una polémica y semblanza de una generación*, Madrid, CSIC, 1949 (que es pleno tiempo barroco), encabeza su capítulo *Sic transit gloria mundi* con la figura de don Tiburcio de Redin como empresa, o símbolo, del Barroco, en su decurso de turbulento militar a misionero en tierras de América. Es un ejemplar paso, por su significación, de la acción barroca al *desengaño* del mundo. Y poco después, Jover recuerda la famosa carta de Quevedo a don Manuel Serrano del Castillo, «sobre la muerte y los trabajos» (que está latente en su poesía más profunda), donde se juega heridamente con la dualidad, el contraste y pesimismo barrocos: «En un propio instante se vive y se muere. Ninguno puede vivir sin morir, porque todos vivimos muriendo...» Se comprende más acertadamente cuánto *desengañó* el Barroco si se recuerda cuánto *ilusionó* el Renacimiento. Jamás Garcilaso, contra la Muerte y contra todos, hubiera desarmonizado su *persona* en el individualismo del famoso endecasílabo de Quevedo: «polvo serán, mas polvo enamorado». En este orden, Jover documenta (págs. 413 y sigs.) cómo la inesperada muerte en Lützen de Gustavo Adolfo de Suecia provoca en los españoles contemporáneos de la Guerra de los Treinta Años consideraciones acerca de la fugacidad de las cosas terrenas. No es necesario insistir que se trata de una posición distinta al *desencanto* que produjeron las muertes del rey don Sebastián y don Juan de Austria en un mundo de latido renacentista.

que «quien llamó hermanas las letras y las armas poco sabía de sus abalorios, pues no hay más distintos linajes que hacer y decir»)[6].

Es el tiempo de Tirso, donde Amadís y Lepanto son un pasado que hacen lejanía el desengaño, la burla y la dualidad barrocas, hasta dejar sin continuación (porque no hay tiempo real para ello) aquella *Galatea* que Cervantes evocará nostálgicamente en el *Persiles,* cuando exactamente escribe: «que yo me voy muriendo...».

Naturalmente que este tiempo barroco, con su sentido, va a impregnar su expresión. Aquel expresar según la conocida frase de Juan de Valdés («el estilo que tengo me es natural y sin afectación ninguna escrivo como hablo») o aquella hermosa serenidad clásica de la prosa de fray Luis tienen que violentarse por la acción barroca, como ya no tiene sentido recoger en la corte la lengua que hablaron Amadís y Oriana, muertos con las campañas de Flandes y la derrota de la Invencible. La intensidad barroca, en su sentir gastarse, provoca en juego de ingenio la novedad y el sorprender en una fusión de arte y vida de que es ejemplo admirable *La Dorotea,* de Lope. Es lógico que esa dualidad y vitalismo barrocos busquen resolverse en la polisemia de la palabra como una necesidad (está en todo auténtico escritor) que va mucho más allá del juego (que también existe) de combinar las diversas acepciones de un vocablo. Se trata de una polisemia de alta significación, a veces desbordante, que llegará agotada (como la propia vida) hasta los aledaños del neoclasicismo, incapaz de recogerla o comprenderla en su linealidad privada de intensidad.

---

[6] José María Jover, con penetrante sensibilidad (ob. cit., pág. 429), anota que «Ya en Cervantes (*Quijote,* I, XXXVIII), en el famoso *Discurso de la Armas y las Letras,* encontramos un fervoroso alegato contra "la espantable furia de aquellos endemoniados instrumentos de la artillería", arma estrepitosa y anónima, vencedora distante del heroísmo individual del infante y del caballero.» Y recuérdese, análogamente, el *Itinerario* de Andrea Navagero, cuando frente a la artillería despersonalizadora, evoca la guerra de Granada y señala que ésta, caballerescamente, fue «guerra principalmente vinta per Amore» (Vinegia, 1563, pág. 27 v.).

Esta polisemia, que a veces contiene en la intimidad un hondo desengaño o la distancia invencible que enciende la vida, se exterioriza escénicamente en la dualidad de opuestos significados de una misma palabra, que también transitará por la narrativa de *El Criticón.* No sólo dentro de la teatralidad que su juego entraña en la representatividad de una escena, sino respondiendo a una dualidad de graves empeños conceptuales, que sirven a la gravedad y a la burla o ironía. Así, frente al profundo sentido del honor que se esencializa en el teatro de Calderón, en *La hija del aire* el propio Calderón se burlará de este honor por boca de Chato, quien consiente la infidelidad de su mujer razonándose de esta guisa:

Ya estamos solos, honor:
¿qué hemos de hacer? ¡Qué sé yo!
Si el mundo bajo me hizo
de barro tan quebradizo,
y de bronce o mármol no,
¿qué hay que esperar, si me ven
quebrar al primer tri?
¿Eso dices, honor? Sí,
juro a ños que dices bien.
¿Qué pie o brazo me ha quebrado
su abrazo? ¿De qué me asusto?
Fuera que el sentir el gusto
del prójimo es gran pecado.

A esa burla del honor, significativamente puesta en boca de un criado (luego veremos el valor de realismo de los criados sobre caballeros y damas), se ha llegado tras el desengaño en una vida marcada por el tiempo barroco (cuya apariencia de honra arranca hirientes páginas en Mateo Alemán). En gran medida, es la degradación por una realidad de aquel estado caballeresco que albergó el pasado y por lo que, desengañadora y acusadoramente, Tirso escribirá en *El burlador* que

La desvergüenza en España
se ha hecho caballería

Cuando (posiblemente en 1579, de familia humilde) nace Gabriel Téllez, Tirso de Molina, el Barroco cubre ya con su fugacidad, desengaño y soledad una tierra hispánica tan grande, geográficamente, que es difícil sentir en ella la compañía. Su nacimiento es mucho más oscuro, más desconocido, que ese conflictivo paso de un tiempo a otro que va a representarse en la cronología de su teatro[7]. Lo único cierto (y nos lo dice varias veces) es que nació en Madrid, y posiblemente en esta ciudad se descubriera para el joven Tirso el poder fascinador del teatro, escondiendo un mundo tras sus cortinas. Porque ya las calles de Madrid pregonaban la popularidad de un creador de escenas y de sí mismo, Lope de Vega, de cuya escuela dramática será Tirso tan excelso discípulo que tocará con celos al maestro.

Y es de 1600 (el mismo año en el que nace Calderón) cuando tenemos el primer documento referente a Tirso, que lo acredita como novicio en la Orden de la Merced. Un año más tarde, el 21 de enero, Gabriel Téllez profesa en el convento de la Merced, de Guadalajara. Es una vocación temprana, cumplida con amor, seguida fielmente, pero es también una vocación barroca, ante el desengaño de la vida, que seguirán Lope y Calderón en el repetirse barroco (conjugando los extremos Vida y Muerte) de que «aquel que se salva, sabe, y el que no, no sabe nada».

Hacia 1606 comienza la producción dramática de Tirso, en Toledo, probablemente, donde vive Lope con su familia desde 1604. Toledo (donde hace poco el Greco ha consumado su espiritualidad interna en *El entierro del conde de Orgaz*) es la ciudad imperial cuyas aguas aún recuerdan la despedida de Garcilaso (y lo que significó). Toledo es la ciudad que ama Tirso, la que evoca reiteradamente, y desde cuyas piedras, aupándose sobre el desengaño, puede otearse la expansión americana de un imperio que Tirso desgranará en su trilogía sobre los Pizarros. Y Toledo aún es ese campo

---

[7] Un excelente texto de conjunto histórico, donde puede apreciarse ese paso en distintos aspectos, es el volumen de J. H. Elliott, *La España Imperial: 1469-1716*, Barcelona, Vicens-Vives, 1965.

enjuto, recio, donde el sol marca unos surcos y unos caracteres que Tirso recoge en *La villana de la Sagra* (1612), o es un campo que se estiliza (como las figuras del Greco) hasta rozar la espiritualidad y que Tirso convierte en la acción de *El colmenero divino* (1613). Toledo, desde cuyas rejas conventuales puede sentir como aspiración de santidad la cercana vida de la beata Juana en su trilogía *Santa Juana* o desde la que, con transmisión periodística, puede historiar una victoria, como la toma de la Mamora en *Marta la piadosa.*

Posiblemente, en 1610-1611 Tirso viaja por tierras de Galicia y Portugal. El contacto con la tierra y los hombres galaicos determinará otro de los núcleos temáticos de su teatro y un portuguesismo que reaparecerá frecuentemente, incluso en comedias tan localizadamente madrileñas como *Por el sótano y el trono.* Desde este primer contacto, en el que compone *La gallega Mari-Hernández,* hasta la exaltación de *Las Quinas de Portugal* (1637), pasando por la entusiasta descripción de Lisboa que nos deja en *El burlador* o la consideración de rasgos de época como el amor portugués.

En la Sevilla de *El burlador,* Tirso embarca el 8 de abril de 1616 rumbo a la isla de Santo Domingo, donde dictará tres cursos de Teología. Va pertrechado de una preparación teológica y bíblica que irá reapareciendo en su obra, en especial en las frecuentes citas de *Deleitar aprovechando,* y que contrastan un poco con su no excesivo valor de humanista. Como el mismo Lope, el humanismo y el mundo clásico de Tirso se esgrimen, frecuentemente, dentro de una sabiduría tópica en la época o a través de textos de información enciclopédica como el Rabisio Textor. Hombre del Barroco, y especialmente abocado a una acción dramática descolgada de la vida, Tirso está ciertamente lejos de la asimilación e interpretación de unos originales clásicos que se dio en el Renacimiento. En 1618, Tirso está nuevamente en España y en el año (1621) en el que muere Felipe II, publica los *Cigarrales de Toledo.*

La muerte de Felipe III y la subida al trono de Felipe IV suponen un cambio político, por mor de los validos, que afecta a Tirso en su desengaño barroco. Felipe IV cae ya muy lejos de *Amadís* y no puede leer y asimilar lo que el rey Lisuarte, en su trayectoria, encarna de advertencia sobre un monarca cercado por la intriga y los validos. Este desengaño se transfiere a *La prudencia en la mujer*, porque creo, con Ruth Lee Kennedy, que en el Fernando IV que aparece en el drama se refleja la actitud de Felipe IV, y que lo predicado en la obra a Fernando

> Dejad, Fernando, las fieras
> destos montes solitarios,
> y perseguid, justiciero,
> las que os dañan en palacio.

es perfectamente predicable a Felipe IV. En *La prudencia*, Fernando IV es así el personaje de Felipe IV que verían muchos tras las cortinas de la historia, como lo vería en su desengaño Gracián[8].

Tirso acrecienta por estas fechas su fama de autor dramático, popular ya en 1615 cuando estrena en Madrid y en Toledo *Don Gil de las calzas verdes* con un éxito que acusa el «monstruo» Lope de Vega. Retomando la actualidad histórica como noticia representable (que había ensayado afortunadamente en *Marta la piadosa*), en 1625 y 1626 escribe *No hay peor sordo, Desde Toledo a Madrid* y *La huerta de Juan Fernández.* En ellas, el público escucha alusiones a la guerra de la Valtellina, al ataque de la flota inglesa a Cádiz, a la paz de Monzón y a la rendición de Breda que tratarán más centralmente Velázquez y Calderón.

En 1635, cuando se publican las *Segunda y Cuarta parte de comedias* de Tirso, muere en Madrid Lope de Vega. Tirso

---

[8] Cfr. R. L. Kennedy, *La prudencia en la mujer y el ambiente que la produjo*, en *Estudios*, Madrid, núms. 13, 14 y 15 (1949), dedicados a Tirso, págs. 223-293. Valbuena Prat, en *El teatro español en su Siglo de Oro* (Barcelona, Ensayos/Planeta, 1969, págs. 182-184), abunda en esta consideración de R. L. Kennedy. Lo que no deja de ser una equívoca lectura del reinado de Felipe IV por Tirso y Gracián, quienes no advierten las positivas novedades que el monarca español pretendía contra el desastre de Felipe III.

va terminando su *Historia general de la Merced,* que concluye en 1639. No se atreve a escenificar la gran derrota de los tercios españoles en Rocroy, en 1643, porque ya se ha perdido bastante de un vitalismo barroco que, para salvarse en escena, necesitará todo el vigoroso conceptismo, tocado en tragedia, de Calderón. La comedia necesita ese apoyo.

En 1648, el 12 de marzo, muere fray Gabriel Téllez. Es el año en que se firma la paz de Westfalia, por la que España perdía su hegemonía en Europa.

II. Del tiempo y la comedia barroca

Veamos un poco cómo se escenificaban ese autor y el entorno esbozado en las páginas anteriores, por donde vimos asomar una historia y un carácter noticiero al descorrerse las cortinas del tablado. En ello está el autor, y Tirso se alinea en el arte nuevo de hacer comedias que había fundamentado Lope de Vega. Para ir a esta relación entre maestro y discípulo precipitaré un ejemplo de afinidad y entre dos obras que juegan con el recurso del teatro dentro del teatro. La comedia de Lope se intitula *Lo fingido verdadero* y la de Tirso *El vergonzoso en palacio.* En la obra de Lope, el personaje de Ginés, que representará con Marcela una comedia dentro de la comedia, señala con firmeza:

> Pero como el poeta no es posible
> que escriba con afecto y con blandura
> sentimientos de amor, si no le tiene,
> así el representante, si no siente
> las pasiones de amor, es imposible
> que pueda, gran señor, representarlas.

Una de las varias acciones que se reúnen en *El vergonzoso en palacio* es la marcada por doña Serafina, quien gusta de ser representante, actriz, e interpreta un papel de galán enamorado en una comedia (dentro de la comedia que es *El vergonzoso*), que se llama *La portuguesa cruel.* Sintiendo la representación de Serafina, el personaje de Juana le señala:

Di, señora:
¿es posible que quien siente
y hace así un enamorado
no tenga amor?

La afinidad entre ambos fragmentos, en cuanto la necesidad de sentir el amor para poder representarlo, es una afinidad que me parece clara. Pero precipitaré también una diferencia. En Lope, esa exigencia de haber sentido o sentir amor para poder interpretar, que expresa Ginés, es una afirmación fuertemente biográfica que escapa de su contexto, para enlazarse con su trayectoria lírica, opuesta al fingimiento de amor de la poesía de cancionero y de parte de la poesía italianizante[9]. En *El vergonzoso,* Tirso pone en boca de Juana los versos citados dentro del contexto en función de la estructura interna de la comedia, armonizando acciones, porque Serafina prefiere expresar su amor interpretando, como representante, análogamente a como su hermana Madalena expresará su amor por Mireno fingiendo hablar en sueños, que es también representarse.

Con ello, frente al indicativo y constante proyectarse biográficamente de Lope fundiéndose en géneros, el discípulo Tirso de Molina será primordial y casi exclusivamente, un hombre de teatro que en los límites de sus tres jornadas juega secuencialmente el proceso de unos caracteres que representan en diversas acciones la complejidad de la vida. Lo que no empece, claro está, para que algunas de sus más constantes ideas (y daré algún ejemplo, como lo enri-

---

[9] Me refiero, claro está, a la condición del poeta de «que siempre se precie e se finja de ser enamorado» que señala el *Prologus* del *Cancionero de Baena,* y me refiero, tras la intensidad biográfica de Garcilaso proyectada en obra, al cultivo de una poesía petrarquista, como forma en la que expresar un amor y que es, especialmente, conducta o educación cortesana, y por lo que, olvidando esta función cortés, escribía Moratín a Jovellanos (a 13 de abril de 1787) lamentando el tiempo «que han perdido los imitadores del Petrarca, así italianos como españoles. Creyeron, sin duda, que para sobresalir en aquel género bastaría el numen poético, la erudición y el estudio; y se olvidaron de que nadie pinta bien la pasión de amor, si no está muy enamorado. El que no la sienta no trate de fingirla, porque será enfadoso y ridículo».

quecedor que es cambiar espacios y tierras) se halle tanto en su teatro como en sus obras en prosa.

De este modo, si el teatro tirsista, tanto en su preceptiva como en su realización escénica, participa de la dimensión teatral de Lope, también es, por la personalidad que lo produce, un teatro con evidentes rasgos de individualidad creadora, que representa la vida.

Quiero expresar con ello que, aunque en muy distinta dimensión, también en el teatro de Tirso se proyecta su autor, si bien dentro de una objetividad escénica, de unas reglas de distanciamiento teatral que esconden lo biográfico, muy distintamente a las abiertas confesiones de Lope, trasladando sus amores al teatro y éste a sus amores u otras obras. La excelente e imprescindible *Introducción* del padre Manuel Penedo a su edición de la *Historia general de la Merced* refleja perfectamente, como la misma *Historia,* la presencia de Tirso en su teatro. Por ejemplo, resume Penedo: «El origen, asunto y finalidad del condenado no son otros que los que dejamos expuestos: combatir al padre Guzmán.»[10] Pero esta traslación personal al teatro, como la relación dc *La prudencia en la mujer* con el martirio de los padres redentores que aparecen en la *Historia* o la agradecida atención que a Félix Paretti (Sixto V) late en *La elección por la virtud,* son siempre razones individuales sometidas a una representación teatral que no perturban en nada la visualización (o lectura) de las comedias, pensadas para las exigencias de un público que asistía a un espectáculo. Análogamente, el viaje a América de Tirso, como su encuentro con Portugal, son enriquecimientos vitales que se proyectarán, representarán, en los caracteres de sus personajes.

Decía que la comedia de Lope tenía un bastante del autor en sus personajes y amor, al que venían a representar, perturbando incluso argumentos ajenos, como ya había realizado, por ejemplo, Boccaccio[11]. De Lope a Calderón

---

[10] Cfr. *Historia general de la Orden de Nuestra Señora de las Mercedes,* Madrid, Colección Revista Estudios, 1973-1974.

[11] Es algo que ya expuse en mi prólogo a *El caballero de Olmedo.* Barcelona, Planeta, 1982.

existe un proceso y desgaste de la comedia que explica, aparte de la complejidad escenográfica que va aumentando, cómo el lirismo de raíz biográfica (la Finea de Lope dirá del amor «tú... me diste / la luz con que me pudiste / el nuevo ser en que estoy») es sustituido por esa extraordinaria ironía calderoniana. En medio queda la gran personalidad de Tirso, donde los personajes se caracterizan por el saber psicológico de su autor, que no cuenta ni con la intensa experiencia vital de Lope, representándose, ni con la vigorosa imaginación de Calderón, que le permite la representación de su mundo de ideas en imágenes escénicas.

En esta situación, Tirso va a representar a su tiempo barroco mediante unos caracteres y unos enredos de comedia. Dentro de esta representación, donde se juega una amplia objetividad e intención que contrasta con el apasionamiento de su admirado Lope de Vega, el teatro de Tirso responderá a la ansiedad barroca de ver visualizados hechos y personajes que acumulan sobre el escenario una variedad de acciones. A esta variedad respondía el espectáculo que era toda representación teatral, y por lo que entremeses y loas, con su autonomía, acompañaban la escenificación de los autos sacramentales, como se advierte en la edición de Lope de Vega *Fiestas del Santísimo Sacramento,* repartidas en doce Autos Sacramentales, con sus Loas y Entremeses (Zaragoza, 1644), en las que el impresor precisa la unión editorial «para que se hallen hechas las fiestas en los lugares como se representaron en esta corte».

Bajo este hacer el teatro representación de la vida, compendio visualizado de ella, Lope había postulado en su *Arte nuevo* que en la comedia se hallará.

> lo trágico y lo cómico mezclado
> y Terencio con Séneca.

Tirso repetirá por boca de la Serafina (escenificado) de *El vergonzoso en palacio,* que en la comedia

> para el alegre, ¿no hay risa?,
> para el triste, ¿no hay tristeza?

porque la comedia «de la vida es un traslado», y esta vida barroca está cargada de intensidades y de apetencias de ellas, que el David de la comedia bíblica *El arpa de David,* de Mira de Amescua, caracterizará la comedia porque en ella

> entran y salen figuras,
> haciendo más novedades
> en dos horas mal seguras
> que el mundo en sus tres edades.

La misma consideración, que Tirso asume, del teatro como representación de la vida, donde todo acaece, es ya, en la época, una normalización que había superado, en extensión, el viejo concepto ciceroniano de la comedia como *imitatio vite speculum consuetudinis imago veritatis,* y que nos recuerda Torres Naharro en el *Prohemio* a su *Propaladia.* Frente a la comedia erudita, encerrada en preceptos, que había practicado inauguralmente Ariosto, ya en la comedia del *cinquecento* italiano un autor como Lasca (1503-1584), al comienzo de *La Strega,* hace salir a escena, como personajes, al *Prologo* y al *Argomento,* y aquél llama a éste anticuado porque aún cree y recita el precepto de Cicerón que acabo de citar con Torres Naharro[12].

Dentro de esta amplitud, compleja e intensa, que es el teatro como representación de la vida, hay que entender la extensión de la obra de Tirso, su acudir, por necesidad de representarla, a una variedad argumental y temática de la que son una excelente muestra las dos obras que aquí se recogen. Pero antes de ello, antes de escribir algo sobre estas dos comedias, que tuvieron su común receptor, no me parece ocioso mencionar algún rasgo de la personalidad del teatro de Tirso, en su encuadre dentro del teatro barroco, ni me parece superfluo recordar lo que un espectáculo teatral era

---

[12] El precepto, por ejemplo, lo repite Hernán Núñez glosando la copla 123 del *Laberinto,* de Mena: «... y según la sentencia de Tulio la comedia es imitación de la vida, espejo de las costumbres, imagen de la verdad». Como se sabe, la atribución de la sentencia a Cicerón, proviene de la cita de Donato en su *Execerpta de comoedia,* 5.1.

en los corrales de comedia, puesto que su público era algo que los autores tenían delante y más cercanamente que nuestras interpretaciones de lectores tras siglos de mutación.

En la personalidad teatral de Tirso, haciéndose diálogo cómico, estará, por ejemplo (y dentro del estilo barroco animado por una agudeza que ya había destacado en los españoles Castiglione en *Il cortegiano),* cómo Tirso apretará el ingenio y el equívoco sobre el vocablo, con juegos de palabras y construcciones de, a veces, difícil conceptismo. Ejemplo: en *Por el sótano y el torno,* la criada Polonia alude a la joven viuda doña Bernarda, señalando

> Y afirma un barbimoreno
> que una viuda ensabanada
> es cual trucha salmonada,
> que está empapada en centeno.

Con la comparación, Polonia quiere expresar el fuerte atractivo erótico de la joven viuda con sus tocas blancas y grandes (ensabanada), propias de las viudas en la época. Doña Bernarda atrae como las cortesanas de alto precio *(truchas)* y máxima calidad *(salmonada),* siendo así apetecida, en conexión proverbial, como el ganado apetece el centeno verde y ansía consumirlo.

A la vida de Tirso, que lleva a la vida de su teatro, pertenece, por ejemplo, su amplia estimación de lo portugués, con títulos plenamente lusitanos como *Las Quinas de Portugal,* o su simpatía ejemplificadora por el indiano. Se halla esta última predilección dentro del enriquecerse que implica para Tirso el conocer nuevas tierras, nuevas costumbres y personas, con lo que todo cambio comporta de engrandecimiento y comprensión, tal como expresa el don Íñigo de *El amor médico* dirigiéndose a don Rodrigo:

> Huélgome infinito yo
> de veros en esta tierra
> que el que en la suya se encierra
> y nunca se divirtió
> en las demás, no merece
> de discretos estimación.

Estamos algo lejos, en la acción barroca del retiro renacentista de Fernando de Herrera, Pedro Mexía o Benito Arias Montano, queriendo ser en su refugio de Aracena. Y Tirso relaciona este natural enriquecimiento, este predicado cambio (tanto físico como intelectual), con el propio beneficio que observa en la naturaleza, contándonos en la *Historia general de la Merced* cómo las plantas españolas trasplantadas a América se convierten en «fructos prodigiosos, en la abundancia, la magnitud y la hermosura» o cómo la siembra del «trigo de las Yndias, maíz le llaman» se realiza con gran éxito por un mercedario en un pueblo de Aragón. Ya en *Cigarrales de Toledo,* al que después volveré, había escrito Tirso: «Y, en fin, los hombres, mientras se contentan con la avara herencia de sus patrias, viven tan pobres de experiencia que apenas merecen el nombre de tales.» La naturaleza, como mirada en la que se expresa el Barroco, se personaliza en Tirso por su propia experiencia.

Al lado de lo que esta posición humana apunta a un ideal de hombre, el teatro de Tirso esboza rasgos de la soledad barroca, en lo que ello es desengaño de un tiempo y unos ideales. Este desengaño, con lo que proyecta hacia otra vida sobrenatural, para lo que Tirso cuenta con un gran conocimiento bíblico frente a su no excesiva cultura clásica, es un desengaño que vertebra parte de su obra, como en *La Ninfa del Cielo* o en *El Mayor desengaño* y que a veces acusa soterráneamente, como en la muy probable crítica a Felipe IV que late en *La prudencia en la mujer,* o se oculta tras una ágil ironía, como la que esgrime en comparación generacional el criado de *La villana de Vallecas,* no lejos en su burla del soneto «Salió su alteza cuando el sol salía» de Pedro Liñán de Riaza. Es también un desengaño histórico, que Tirso siente tanto como español, que su pluma ya no se atreve a escenificar la gran derrota de los tercios españoles en Rocroy, en 1643, cuando ya a fray Gabriel Téllez sólo le restan cinco años para que se cierren definitivamente las cortinas de su representación como hombre.

(El desengaño es lógico para quien, como Tirso, muere precisamente el año de la Paz de Westfalia, que tan negativamente contrasta con el hecho histórico del nacimiento de Carlos V, que Tirso registra orgullosamente en su *Historia:*

> Nació en éste (1500), a los veinte y cuatro de febrero, día de el apóstol Sant Mathías, para gloria de España, amparo de la Yglesia, asombro de las heregías, fuga infame de el otomano turco y ensalzamiento de nuestra ley chatólica, el máximo y siempre victorioso Carlos quinto, nieto de nuestros reyes Fernando e Ysabel...)

Finalmente, enlazaré con el comienzo de estas páginas, cuando precipitaba un ejemplo de afinidad entre Lope y Tirso. El pastor Tarso, que como personaje recurrente veremos en *El vergonzoso,* fue ya entendido por Blanca de los Ríos como «emblemática personificación del autor». Este ser, representarse, en un personaje, era algo que extraordinariamente había realizado, o estaba realizando Lope, y no sólo con el ejemplo de Belarmo. Pero, distintamente a los rasgos y a la intimidad de Lope que se proyecta biográficamente en sus personajes, el pastor Tirso o Tarso que aparece en las obras del mercedario no reporta, realmente, ninguna nota biográfica. De este modo, frente al proyectarse de Lope en su personaje, el de Tirso es un personaje en función de la comedia, a veces muy humilde, y que refleja no al Tirso íntimo sino al hombre de teatro, al gran profesional de la escena que fue el mercedario con excepcional vocación.

Naturalmente que esta esbozada matización está en consonancia, como un elemento con la estructura a la que pertenece, con el sentido teatral y comunicación de uno y otro autor. Frente a la subjetividad transformadora, perturbadora de Lope, el teatro de Tirso es una expresiva manifestación, tendente a la objetividad, de una sociedad y un mundo que la escrutadora mirada del mercedario observa y ofrece en unos caracteres. Esa mirada, con excepcional profesionalidad, ayunta sobre el tablado vida y teatro como un mismo proceso vital.

Recordemos, por ejemplo, la mujer vestida de hombre, que encontraremos más adelante. Que la mujer se disfrazara de hombre era un juego frecuentemente urdido en la comedia (en parte porque el ajustado traje varonil resaltaba las formas femeninas, para deleite de los mosqueteros), pero también respondía a una realidad[13]. Por ejemplo, doña María de Mendoza, apasionada amante de don Juan de Austria, quiso seguir a éste disfrazada de mancebo para estar unidos en la batalla de Lepanto; y no era raro que algunas personas, como don Martín de Aragón, se trajeran de Italia a alguna mujer, disfrazándola de paje, para que así pudiera habitar en su casa (en este caso, doña Luisa de Borja, condesa de Ribagorza, descubrió el engaño después de algunos meses e hizo que el «paje» de su marido, don Martín, profesara en un monasterio).

Vayamos ya, más específicamente, con las dos obras de Tirso que aquí se editan y sobre las que pueden observarse las notas apenas esbozadas atrás. Recordemos, como partida, que el teatro se siente como un espectáculo de la vida, porque la representa, y que ese teatro, con sus libertades, aún tiene que ser defendido como tal en este tiempo en el que Tirso prepara sus personajes para salir a escena.

III. De las obras que aquí se editan

El burlador de Sevilla y convidado de piedra es obra que pertenece a una primera etapa tirsista y posiblemente escrita en torno al 1615. Obviamente, al incluirla aquí la entiendo, como la mayoría de la crítica, una creación de Tirso, sin que debilite tal autoría que en *Deste agua no beberé* de Claramonte exista una redondilla análoga a la de *El burlador* y la utilización nominal de Juan Tenorio, Diego Tenorio y Tisbea. Lo cual no significa mucho en un autor como Claramonte, tentado, como otros empresarios, a es-

---

13 En su *Arte nuevo de hacer comedias,* Lope escribe:

> ... que suele (en la mujer)
> el disfraz varonil agradar mucho.

cribir alguna comedia con más o menos adherencias de las obras que contrataba y dirigía en cuanto *autor*.

En *El burlador*, sus personajes se mueven y caracterizan dentro de un discurrir de evidente afinidad con otros personajes del *corpus* total tirsiano. Con su ascendencia en Dido y Eneas, me parece clara, por ejemplo, la vinculación entra Tisbea y la condesa Ninfa, seducida y de inmediato abandonada que protagoniza *La Ninfa del cielo*, aunque se trate de argumentos distintos. Y, por otro lado, el sentido de «aparte» que pudo sembrar dudas sobre la autoría de *El burlador* se debilita ante el descubrimiento de una suelta de *El condenado*, editada a nombre de Tirso, con la que se establece una conversión entre el pensamiento desarrollado en ambas: en *El burlador* tendríamos la representación del «condenado por *confiado*» y en la segunda la de «el condenado por *desconfiado*».

En su calidad de comedia barroca, *El burlador* se sitúa en las coordenadas de una comedia definidamente estructurada, desde ese marcar en su comienzo el eje de la acción al uso del refrán tradicional, que contaba con los antecedentes renacentistas de un Castillejo o la cultivación humanista de Hernán Núñez y Juan de Mal-Lara. Pero dentro de esta norma, *El burlador* adquiere una evidente singularidad donde se expresa un estado de ánimo que responde a ese contraste entre el tiempo ido, más o menos idealizado, y una actualidad barroca que señalé anteriormente. Y no desdice este contraste, que estimula a Tirso, el hecho de que el tiempo escénico de *El burlador* sea el siglo XIV y no el tiempo de escritura de la comedia. Porque don Juan es una respuesta de Tirso, con valor simbólico, a la actualidad que vive[14].

Recordemos, por ejemplo, una de las más hermosas páginas del *Amadís de Gaula*, aquélla (cap. XXXV) en la que

---

[14] Cfr. de varios autores, *El mito de Don Juan*, en «Cuadernos de teatro clásico», Madrid, Ministerio de Cultura, 1988, y muy especialmente, *Tirso de Molina: immagine e rappresentazione*, Università de Salerno, 1989, y *Tirsiana*, ed. de Berta Pallarés, Madrid, Castalia, 1990.

«más por la gracia y comedimiento de Oriana, que por la desemboltura ni osadía de Amadís, fue hecha dueña la más hermosa doncella del mundo». Es una página donde la deliciosa actitud de Oriana se erige en protagonista o ánimo de la acción. Es todo lo contrario del *machismo* de don Juan Tenorio. Unas líneas después, tras la consumación amorosa, Oriana y Amadís no sintieron sus «llamas resfriar» sino que se sintieron más atraídos, tal «como en los sanos y verdaderos amores acaecer suele». Distinta, muy distintamente, se conduce don Juan Tenorio, para quien la mujer es un objeto de deseo con el que cumplir el ejercicio de engaño-posesión-huida. En los breves versos iniciales de *El burlador* está representada esta actitud, acción de don Juan, tan contraria a Amadís, donde el goce del burlador está incapacitado para retener en la memoria y se mueve sólo en el placer descomprometido del presente. Don Juan entroniza, ajeno al amor, la vigencia de la actualidad, una actualidad desencantada sobre la que pasado y futuro no inciden para recuperar con el recuerdo la fugacidad de lo actual. Don Juan es sólo el vacío y desencanto de una actualidad, por lo que Kierkegaard anduvo acertado al presentarlo como un ejemplo de falta de carácter.

Frente a este don Juan actual, las mujeres a las que goza representan una cierta pasividad y entrega que no concuerda realmente con la actitud femenina del más amplio teatro tirsista. En *La Villana de Vallecas,* en la escena V del acto II, se expone con ironía una especie de decálogo de la perfecta dama, regido por la sumisión al padre. Como defensa ante esta sumisión, en la que era decisivo la elección del marido, la comedia barroca levanta la posición de las «discretas enamoradas», en las que se respira como un arte de vida renacentista y una instintiva enseñanza en el *Arte de amar* de Ovidio. En *Marta la piadosa,* por ejemplo, en su primera escena, ya encontraremos un carácter femenino que es lo contrario de las ofrecedoras mujeres que irá atrapando con su fácil verbo el don Juan de *El burlador.*

Aun con lo que arrastra de tópico para mostrar el caso de la «mujer deshonrada» me parece evidente en el comienzo de *El burlador* la intención simbólica de Tirso sobre una realidad y una mitificación. Porque la realidad sabe que ninguna mujer, por ardiente que sea, confunde a un amante con otro. Puede homologarlos en su deseo de gozo, experimentar análogamente, intentar fundirlos en su mente, pero jamás en su realidad. Tirso sabe, al igual que la realidad, que cualquier mujer, y más si es algo avezada, nunca podrá confundir las particularidades de los amantes en la intimidad de una alcoba, por oscura que esté la estancia. Isabela sabe perfectamente, en cuanto mujer *real,* que el hombre con el que estuvo no es el Duque Octavio, sino un otro con el que cumplió su deseo, su vivir la actualidad. Su querer sacar la luz para ver al amante es el querer ver al hombre con el que gozó y después disimular. Se da en esta presentación de Tirso un algo parecido a la desmitificación de Angélica que se advierte en el *Poema heroico de las necedades y locuras de Orlando,* de Quevedo, definiéndola como «niña buscona y doncellita andante», frente a la Angélica ofrecida al Renacimiento en el *Innamorato* de Boiardo. La duquesa Isabela de Tirso es así un símbolo negativo, en la ética de Tirso, que, como tantas otras, representa el deseo de una mujer, cumplido en una momentánea actualidad, sin que importe mucho el nombre del amante y al que éste responderá con cierta actitud simbólica de promiscuidad. Aunque don Juan, sabedor de lo que engaña y halaga la palabra, recuerde en algún caso, como ante Aminta, esa facultad de la mirada («Tus ojos»... «El poder de la vista») con el que iniciaba esta mi Introducción.

Quiero decir que con *El burlador* estamos en un ámbito muy distinto a, por ejemplo, la proyección de Byron en su *Don Juan,* donde volcó su genio de la postrer etapa italiana (1818-23), ensayando variedad de materia y estilo, con una inventiva métrica constante, delatora de su inquietud humana, que le conducirá a la aventura griega. Tirso se sujeta a un muy distinto asunto.

En la primera escena de *El burlador* cuando Isabela quiere saber del hombre con el que ha gozado, don Juan responde:

¿Quién soy? Un hombre sin nombre.

No se trata de un hombre, sino de la entrega a una acción del presente, del goce en el instante, que partió de un concepto de vida renacentista y que descorre las cortinas del escenario barroco como una tentación para mostrar su engaño. Esa entrega al presente (el hoy que vivo) como actitud no puede sentir el futuro (no admite el mañana, que no es hoy) y sólo recuerda el pasado para asegurarse en hoy. Cuando ello sucede (apelar a *su* pasado) es que el símbolo apela a su tradición para afirmarse en mito de sí mismo y en él fortalecerse. La pregunta, en Sevilla, de don Juan al Marqués de la Mota por distintas mujeres (Inés, Constanze, Teodora...) es un apoyarse en *su* tradición como mito (pasado) para ser el símbolo (presente) que intentará gozar a doña Ana de Ulloa. En esa correspondencia (engendrarse en sí mismo), don Juan se definirá como mito que va a la acción.

Lo que importa, ciertamente, es la función simbólica que cumple, no su nombre. Importa ahora como símbolo, no como yo particularizado, y el donjuanismo (la mitificación del nombre) vendrá después del símbolo y contra Tirso en su intencionalidad simbólica. Esa función que cumple, no su nombre, es lo que realmente acepta el personaje. Cuando Catalinón le proclama:

Guárdense todos de un hombre
que a las mujeres engaña
y es el burlador de España.

el personaje le responde:

Tú me has dado gentil nombre.

Tirso cuida, acordemente, que su obra lleve el título de la función simbólica del personaje (el burlador) y no un nombre (don Juan), que en mítico romanticismo elevará Zorrilla contra la condena del símbolo. Tirso desea representar el encuentro de su símbolo con una realidad social femenina (sujeta a falsos cánones de preceptos y honra externa), y así manifestar cómo esa realidad se destruye o cede ante el contacto con el símbolo, al tiempo que condenará la fijación en un presente (la atemporalidad mítica) del símbolo.

Cuando don Diego Tenorio recrimina a su hijo recordándole que ese *su* presente (juventud mítica) tiene un final, está sujeto a la muerte, don Juan exclama:

> ¿En la muerte?
> ¿Tan largo me lo fiáis?
> De aquí allá hay gran jornada.

Ese *tan largo me lo fiáis* es un sintagma que actúa como mitema para originar la función burladora del símbolo escogido. Tiene un valor de enunciado y confirmación que representa el siempre presente pensado por el personaje, el atrevimiento (función) del personaje joven de la leyenda o romance popular y que conecta con la predicación del presente renacentista y con el significativo título de otra obra de Tirso, *Tan largo me lo fiáis,* que puede considerarse, temáticamente, como otra versión de *El burlador.* En ese orden de mitema, cada acción o aventura amorosa del protagonista es una acción que se desarrolla en función del mitema *tan largo me lo fiáis.* Es así un sintagma-mitema que, reiterándose, enuncia una acción que luego se desarrolla como confirmación y que va repitiéndose para cumplirse (sin alterar su función) en distintos estamentos sociales que representan Isabela, Tisbea, Aminta... Cambian los personajes (los nombres, lo «accesorio»), pero no la función que cumplen de servicio, expresando al símbolo, cualquiera que sea su espacio o medio.

Naturalmente, Tirso condena *su* símbolo extraído de un mito, condena el enunciado de una juventud apostada en el *tan largo me lo fiáis,* recurriendo a la voz anónima de un cantar (de otra leyenda). Es la respuesta barroca a un tiempo despreocupado. Cuando *fatalmente* llega el final (el presente pasado), y don Juan y el convidado de piedra comparten la cena, la voz anónima se revuelve contra el símbolo y entona:

Mientras en el mundo viva,
no es justo que diga nadie:
¡qué largo me lo fiáis!,
siendo tan breve el cobrarse.

El mitema se cierra con un contramitema que lo derrota. Entre ambos, contra la *simpatía* y desplazamiento míticos, el símbolo ha ido cumpliendo su función de contrastar una realidad que no tiene el final feliz de las comedias regidas por el carácter de las «discretas enamoradas». El contraste (para el que el símbolo fue arrancado de un tiempo pasado) es una realidad barroca femenina *representada* en distintas damas. Es una realidad afincada en una apariencia auspiciada por la prudencia (con su externo honor y honra), que se resquebrajará en contacto con el símbolo. El símbolo, en su correr intenso, va a desengañar, con su representación, lo que la discreción oculta tras sus cortinas.

Cuando, inicialmente, las cortinas se descorren para el espectador que ve *El burlador*, Isabela ha sido gozada (y gozó) no por un mito o un hombre, sino por un cuerpo. Sus primeras palabras:

Duque Octavio, por aquí
podrás salir más seguro,

son palabras para cubrir con el *honor* barroco una actitud. Como don Juan revela, cuando el rey los sorprende y pregunta, se trata de

Un hombre y una mujer.

Y dentro de ello, la exclamación: «¡Ay, perdido honor!» es un abundar en la apariencia barroca que, más adelante, se consolará pensando (como sucederá) en la aceptación del duque Octavio:

Mas no será el yerro tanto
si el duque Octavio lo enmienda.

Realmente, el símbolo no ha pervertido ni engañado a Isabela. Sencillamente la ha manifestado, exteriorizado, desengañando una posición ante el *espectador*, porque ese símbolo necesita un público que lo convierta en mito. Al tiempo, pues, que el símbolo se exterioriza, exterioriza también aquello en lo que se contrasta, y que en ese caso serán unas mujeres cuidadoras de su apariencia porque (como dirá Batricio):

son como la campana
que se estima por el son.

Del palacio del rey de Nápoles don Juan desciende a la playa de Tarragona. De Isabela a la pescadora Tisbea. El símbolo-pasión se pregunta dónde se encuentra, tras el naufragio, y Tisbea responde:

ya podéis ver:
en brazos de una mujer.

No es el símbolo quien enciende la pasión, sino la propia Tisbea quien se ejecuta en cuanto el símbolo llega a las puertas de su cabaña. Le anima:

y si mojado abrasáis,
estando enjuto, ¿qué haréis?
Mucho fuego prometéis.

Es una incitación que se repite:

Por más helado que estáis
tanto fuego en vos tenéis,
que en este mío os ardéis.

Y como en palacio Isabela, Tisbea prepara el encuentro cerca del mar:

Ven, y será la cabaña
del amor que me acompaña
tálamo de nuestro fuego.
Entre estas cañas te escondes
hasta que tenga lugar.

En ambiente de pescadores, Tisbea está explicando en ella lo que fue el encuentro con Isabela. Es una repetición ajena al tiempo del amor, que iguala a ambas en la entrega al placer que se les ofrece en el símbolo. Porque, como se repetirá con Aminta, Tisbea ya le señala a don Juan la imposibilidad de un matrimonio:

Soy desigual
a tu ser.

Después, cuando el abandono del símbolo se produzca (de acuerdo con su carácter de novedosa intensidad), Tisbea («la que hacía siempre de los hombres burla tanto») caminará en busca de reparación para su honor. Caminará hacia Sevilla y precisamente en compañía (como servidora) de su par Isabela, quien en la obediencia barroca le confiesa:

A Sevilla
llévanme a ser esposa
contra mi voluntad.

Desde sí mismas (en cuanto que se produjo el contacto con el símbolo) Isabela y Tisbea han probado el desengaño y se prestan a cubrir su honor, a continuar en esa apariencia tan lejana al tiempo de amor que redime la Margarita de *Quien no cae.*

Análogamente, don Juan se acerca como rebeldía ante la imposición de matrimonio de una sociedad discreta respecto a Ana de Ulloa y Aminta. Apenas el rey se entera de que don Gonzalo de Ulloa tiene una hija, le advierte en lisonja:

Pues yo os la quiero casar
de mi mano.

Y el padre (que será piedra) acepta:

Como sea
tu gusto; digo, señor,
que yo lo acepto por ella.
Pero ¿quién es el esposo?

No puede extrañar el desengaño en una sociedad que empadrona el amor en la acomodación barroca de ser discreto. Doña Ana, en la carta que intercepta don Juan, se queja de esta sumisión:

Mi padre infiel,
en secreto me ha casado
sin poderme resistir;
no sé si podré vivir,
porque la muerte me ha dado.

Por ello, como contrapunto positivo, doña Ana opone su rebeldía a lo que el símbolo representa contra su estado, y en el encuentro de ambos comienza la caída de don Juan. No importa que después (en otro tiempo) el símbolo se encienda en mito. Aquí, en el tiempo barroco, doña Ana puede rechazar al símbolo (como hubiera hecho la protagonista de *Marta la piadosa* o la Estela de *El amor y la amistad),* porque también es interna rebeldía contra una imposición social que presiona a la mujer. Es una salvación individual femenina dentro del individualismo barroco, que está contrastada con la entrega de Aminta.

Porque Aminta, desposada con Batricio, no participa de esa rebeldía. Su matrimonio (no consumado) es una acomodación barroca que se quiebra en cuanto el símbolo lo roza. Es un escenario bucólico, de villanos (en la amplitud representativa del *Burlador),* donde don Juan juega con el concepto de honor barroco sobre Batricio:

Con el honor le vencí,
porque siempre los villanos
tienen su honor en las manos
y siempre miran por sí.

Que por tantas falsedades,
es bien que se entienda y crea
que el honor se fue a la aldea
huyendo de las ciudades.

Cuando Aminta, en la noche, espera a su esposo, llega don Juan. Su apelación a las «romanas Emilias» y a las «Lucrecias vengativas» son apelaciones de una retórica llegada al pueblo sin eficacia evocativa. El orden de ayuntamiento que le ofrece el símbolo (y ella acepta) es el inverso al seguido por Batricio. Preguntas y respuestas se suceden con la rapidez de la pasión, del placer del instante (que es lo contrario de la morosidad acordada de Batricio), y ella pregunta al símbolo:

¿Y quién nos casó?
DON JUAN
Tus ojos.
AMINTA
¿Con qué poder?
DON JUAN
Con la vista.

Aminta (que sabe las distancias sociales, como Tisbea) no cree en las palabras de don Juan. Las palabras que preceden a su entrega son un tenue y falso velo para cubrir su honor. Un velo que caerá rápidamente y que después intentará remediarse en la apariencia barroca (en profundo contraste porque no hubo amor, con otras villanas de Tirso)[15].

[15] Pienso, por ejemplo, en el personaje de Mari-Pascuala de la trilogía de *Santa Juana*. Es una aldeana que, a gran distancia de Aminta, sintió y fue tiempo de amor con don Jorge, por el que pide con sencillez:

quísele bien, madre amada,
sentiré que se condene.

Y desde su nuevo estado (porque fue un tiempo intenso amor) reza hasta lograr la salvación de don Jorge. No cabría esperar esta acción de amor por parte de la Aminta de *El burlador*. Ni siquiera la reacción (por-

No hay ninguna mujer de *El burlador* (ni siquiera Tisbea, que se acerca) que sienta con amor la pérdida de don Juan. El hecho, en su representatividad, es lógico porque se trata de un símbolo que se aproxima (desde un pasado renacentista) a una actualidad, para manifestarla en su debilidad frente a la acción auténtica. Esta actualidad, con su desengaño, Tirso la siente en tiempo barroco (no en el renacimiento del *doman non c'è certezza*) y a la dualidad del símbolo y una realidad, el mercedario encadena la dualidad de vida y muerte que llegan a oponerse al final, cuando el símbolo, ya deshecho, está escalando el mito en otro tiempo. Es el poderoso contraste de la muerte, en cuya ayuda no entra el amor para redimir un tiempo que fue. Y entre esos polos, casi como un símbolo de la tibieza (y nunca de los tibios será nada importante), la figura de Catalinón, temiendo la realidad y recordando la muerte, entre gracias y severidad, como la figura más compleja de los servidores barrocos porque sirve en cuanto símbolo de actualidad barroca al símbolo mayor que perturba una realidad para en ella hacerse mito.

Todo este contraste y oposición, mediante el símbolo, a una educación resulta obvio que sujetan el protagonismo a un tiempo (e incluso espacio) determinados. Y el mito, como señalaba al principio, se mueve en acronismo.

Junto a esta denuncia de cómo un símbolo en realidad perturba el sistema social establecido en su punto más conflictivo: la pérdida de la *honra* individual, podrían establecerse otros sentidos de la ambigüedad y polisemia del teatro barroco. Podría, por ejemplo, verse en *El burlador.*

a) un signo de acusación social dirigido hacia una clase dirigente que, sintomáticamente, ha ido desfilando por la

---

que amó) de la Laurencia de *La dama del Olivar*, levantando al pueblo (como en *Fuenteovejuna*, de Lope) contra el hombre que la abandona tras poseerla. Las trayectorias de Mari-Pascuala o de Laurencia (que abandona su bandolerismo a las puertas del convento) son lo opuesto, en el vitalismo del amor, a la preocupación del honor en que se mueven Aminta o Isabela.

anterior producción tirsista, hasta acuñarse aquí en los célebres versos de

La desvergüenza en España
se ha hecho caballería.

b) la trayectoria de un rebelde a la llamada de la gracia que desoye, como el Enrico de *El condenado por desconfiado,* los avisos del cielo, en significativo testimonio de *educación* contrarreformista, etc.

La intención de Tirso, como creador del símbolo, está en la pluridimensionalidad de estos sentidos y por ello acude a una demostración contramítica que se opone al encantamiento mítico. Pero en el discurrir de su símbolo, el personaje ha sido la representación de una juventud (su simpatía) demasiado fuerte para ser derrotada con la condena final. Es el atractivo de don Juan, el hallazgo en él del mito por parte de unos receptores que se desplazan a él y en él viven su presente. Ya en el siglo XVII todo un conjunto de receptores *sintieron* esta apetencia e iniciaron la mitificación del símbolo porque desde muy antiguo y en distintas lenguas se entonaba el

Gaudeamus igitur
iuvenes dum sumus.

Esos receptores del siglo XVII separaban ya de la intención simbólica de Tirso a su personaje para construirlo en las constantes apetecidas (mito) de un eterno presente que montaban sobre la *juventud* del personaje, expreso en el mitema *tan largo me lo fiáis* que caracterizaba Unamuno. Esos receptores se anticipaban a Zorrilla en su recoger el donjuanismo y, desligando al personaje de su autor, depositaban en la juventud de don Juan una carga de afectividad, de emotividad, «desafiando las categorías fundamentales del pensamiento». Se procedía instintivamente contra una realidad lógica, de medida racional, utilizada barrocamente por Tirso y gritada en el pasar del tiempo que proclama la voz anónima del cantar en la cena final de don Juan. El receptor que mitifica el símbolo no escucha la voz ni la condena del símbolo y se queda entonces con una acción en presente que habita el goce y representa una experiencia apetecida que es sentida como compañía, como algo que «garantiza al hombre que lo que se dispone a hacer o aspira a sentir como realizado ha sido ya hecho». En ese desplazamiento y compañía míticas es lógico (como consecuencia de práctica) que se rechazara un final cuya condena *niega* la atemporalidad del presente. Zorrilla (que amplía los estados del amador con la novicia) *salva* románticamente al personaje que fue castigado con el pasar por Tirso.

Realmente Zorrilla fue el receptor que escribió la recepción que otros muchísimos recibían en *El Burlador*, y que pudo escribirlo (como otros la recepcionaron) porque entre los sentidos levantados por el símbolo de Tirso subyacía su origen mítico y su comportamiento de juventud mitificable. Zorrilla pierde emotivamente los otros sentidos del *Burlador* y construye el mito del donjuanismo con los elementos míticos que sostenían al símbolo. Y no importa, para los nuevos receptores del mito (y como señalaba al principio de estas páginas) que el sistema de comunicación, poéticamente, no sea ejemplar. La sonoridad basta y un público, en la simpatía mítica, aplaudirá el don Juan de Zorrilla y se olvidará del símbolo (con su dificultad asociativa).

Diré que en esa función mítica de *El Burlador* no importan nada (absolutamente nada) los anacronismos históricos que se producen en la escena del Alcázar de Sevilla, cuando el rey y don Gonzalo aluden, como contemporáneos, a Alfonso XI († 1350) y a Juan I († 1433), o cuando se refieren a la conquista de Goa (realizada a comienzos del siglo xvi). No importan (en contraste con la exactitud de *Marta*), porque aquí el tiempo histórico del drama se pierde por el tiempo barroco representable en Zorrilla. La actualidad de Tirso es el tiempo que se descorre en el drama de su don Juan.

Diría (contra la precisión histórica de Tirso en otras

obras)[16] que esos anacronismos apuntados pertenecen al sistema mítico (sin atadura cronológica) en el que se desenvolverá la obra de Tirso, más allá de la intención contramítica de su autor. *El Burlador* se centra de este modo, en su autonomía de obra, como un sistema donde el símbolo, con su valor de denuncia, será derrotado por la mitificación de una juventud que más o menos inconscientemente conjuga con su actualidad el «tan largo me lo fiáis».

Digamos ahora algo de una comedia, *Marta la piadosa*, en la que el carácter femenino de su protagonista es tan diverso de los presentados en *El Burlador*, como se ha destacado frecuentemente, incluso para negar la autoría de Tirso respecto al *Burlador*.

En su clasificación de las obras dramáticas de Tirso de Molina, María del Pilar Palomo incluye *Marta la piadosa* en el grupo de «comedias cortesanas»[17]. En la inauguración de la moderna comedia para Europa que establece Ludovico Ariosto (siguiendo a Plauto y Terencio dentro del concepto de imitación renacentista) se halla ya una notable dis-

---

[16] Recuérdese que, en voluntad de constancia histórica, *Antona García*, terminará:

> Señores, los que me escuchan,
> todo cuanto agora han vido
> es hestoria verdadera
> de privilegios y libros.

O que el manuscrito de *Las Quinas de Portugal* está acompañado, con minuciosidad erudita, de las fuentes históricas que se utilizaron para redactarla. Es una particularidad de Tirso distinta al general entendimiento de la comedia histórica en el Barroco, acudiendo a romances o a una historia que se interpreta en función de lo verosímil, no de lo objetivamente sucedido. En este último aspecto, ya en interpretación romántica, hay que entender *La viuda de Padilla*, de Martínez de la Rosa, que se hace anteceder de un erudito *Bosquejo histórico de la guerra de las comunidades* (Cfr. *Obras dramáticas*, t. I, Madrid, 1861, págs. 63-85). Algo de esa desviación histórica en favor de «conmover el corazón, presentando al vivo sentimientos naturales y lucha de pasiones» se encuentra en sus *Apuntes sobre el drama histórico* (ob. cit., II, págs. 395-400).

[17] *Tirso de Molina: Obras*, Barcelona, Vergara, 1968, y más ampliamente en su edición de la B.A.E, Madrid, 1980.

tinción entre la comedia de enredo y comedia de carácter que seguirá fielmente la comedia europea y tendrá una significativa resurrección en el vitalismo de Goldoni[18]. Aparte de su descubrimiento para el teatro de los personajes que discurren en el *Decameron* de Boccaccio (y que seguirán comediógrafos como Lope y Tirso), Ariosto ya establecía en su primera comedia, *Cassaria*, la estructura de trama y contratrama de la comedia de enredo, servida en este caso por los criados Volpino y Fulcio. La estructura era simple: Una proposición argumental que comienza a discurrir se ve perturbada por una acción contraria que, al incidir sobre ella, crea el conflicto, el enredo, y las situaciones equívocas. En una tercera comedia, el *Negromante*, la estructura cambia porque el enredo entre los personajes inicia una acción cuyo conflicto se disuelve en un punto (en este caso el Nigromante), del cual sale esclarecido el enredo, en estructura similar a la que seguirá Montemayor en su *Diana* (donde la resolución del enredo se dará con la maga Felicia). En su mejor comedia, *Lena* (donde la materia de Boccaccio se incorpora), Ariosto profundiza en sus personajes y crea la comedia de carácter. En esquema, son la comedia de enredo y de carácter que discurrirán por la escena europea y que alcanzarán un valor extraordinario en el XVII español.

Marta la piadosa es una admirable comedia de enredo que participa de ese realismo cómico apuntado en Ariosto, en el que juegan los personajes principales (como Marta y su fingido licenciado Berrío), y donde la contaminación o unidad de lengua literaria se establece por la elevación de la figura del *donaire*, que no es, en *Marta*, un criado, sino un amigo y compañero del galán. Y la comicidad del enredo y equívoco brota, como en la comedia ariostesca, de un fingimiento de personalidad que se desliza en provocación de situaciones.

En relación con el entorno histórico de Tirso, en las co-

---

[18] Cfr. en la relación de Golgoni con el teatro hispánico mi estudio *El Mundo goldoniano en su relación literaria*, incluido en *Maestros Italianos*, vol. I, Barcelona, Planeta, 1970 (2.ª edic.), págs. 830-891.

medias cortesanas la figura intermedia del hidalgo, como personaje-protagonista, encarnará unas virtudes de amor y patriotismo donde parecen refugiarse las cualidades de un pasado que el presente quiere derrocar. El enfrentamiento, en desengaño, es frecuente. Y a ese personaje hidalgo que se presenta en escena llegado de servir con las armas a España en Flandes o Italia, se opone el *presente* del joven galán que gasta en ociosidad su tiempo. Es servir la moda, frente a un pasado que todavía lucha, que refleja como módulo uno de los criados de *La villana de Vallecas.* En esta comedia cortesana, en su primera escena, el criado Luzón le hace a su joven señor un fiel retrato de lo que es su jornada-tipo:

> Sales fuera
> de casa al anochecer
> mudándote hasta las cintas,
> y como estás sin mujer,
> ya a la polla, ya a las pintas,
> damos los dos en perder,
> yo paciencia y tú dinero.
> Volvémonos a cenar
> cuando sale el jornalero,
> segunda vez, a almorzar.
> ....
> Entras con llave maestra,
> cenas a las dos o tres,
> duermes hasta que el sol muestra
> el cahiz al reloj que es
> tasa de la vida nuestra.
> Si la campana te avisa
> de nuestra iglesia mayor
> cuando es fiesta, oyes de prisa
> a un clérigo cazador,
> que dice en guarismo misa.
> Hincas encima del guante
> una rodilla, y sobre él,
> más que rezador, mirante,
> volatines de un cordel
> pasas cuentas cada instante,
> que de oraciones vacías,
> como cuentas las llamaron,

la dan, por no estar baldías
más de las damas que entraron,
que de las Ave-Marías.

Aún la racionalidad del neoclásico dieciochesco está lejos, pero no es difícil advertir en esta descripción (con su ironía y contrastes) un antecedente de la ociosidad del «giovin signore» (opuesto en su nocturnidad al «buon villan») que irónicamente nos presentará Parini en *Il Giorno*[19].

En la misma *Villana de Vallecas*, el irónico decálogo de la perfecta dama, que ya señalé atrás, es un contraste con la figura del galán desocupado: si la figura del joven galán ocioso es el reflejo real (que se hace tipo) de un presente resuelto contra el pasado, el personaje de discreta enamorada es reflejo de una aspiración de libertad que no responde a una realidad social, como demuestra el hecho de que su problemática (centrada en la elección de marido) llega sin variaciones al racional y frío escenario neoclásico. En este orden (dentro del juego barroco de verse *representados* como eran y como quieren ser), las «discretas enamoradas» acudirán al disfraz masculino (casi imposible realmente)[20] como medio de conseguir al que aman, y el

[19] Cfr. en mi cit. volumen de *Maestros italianos*, las págs. 1231-1251, referentes a *Il Giorno* de Parini. Como el tipo del indiano viejo, cargado de dinero que persigue el amor de la dama joven (y que está en *Marta la piadosa* o en *Por el sótano y el torno*, y fue experiencia en la apasionada vida de Lope de Vega) reaparece en el neoclásico planteamiento escénico del *Viejo y la niña*, que resuelve Moratín en la escena final de Don Diego) de *El sí de las niñas*. Cfr. el estudio de María del Pilar Palomo, *Presencia de Tirso en Moratín*, en *Studi ispanici*, Pisa-Milán, I, 1961, págs. 165-186. Respecto a la figura tipo del indiano, en la experiencia de Lope, recuérdese cómo en la biográfica *Dorotea*, Lope de Vega, a su rival de Elena Osorio, don Francisco Perrenot de Granvela, lo convierte en el *indiano* Don Bela.

[20] La mujer disfrazada de hombre no deja de ser, históricamente, sino un caso excepcional. En el *Floreto de anécdotas y noticias diversas que recopiló un fraile dominico residente en Sevilla a mediados del siglo XVI* (publicado por F. J. Sánchez Cantón, Madrid, R. A. de la Historia, 1948), en la pág. 127, se nos dice, como caso raro, que «Juliana de los Cobos, natural de Ubeda, abiendo un soldado muerto a su marido, vistióse en hábito de hombre y fue en busca del matador y hallóle en Granada...». La primera dama disfrazada de hombre creo que aparece en la escena española en la

espectador *realista* lo aceptará como aspiración de libertad al igual que aceptaba el *tipo* ocioso del joven galán.

Este valor *representativo* de las comedias de Tirso se ve acrecentado por la continua información de lo cotidiano que temporaliza ambientalmente su obra. Desde la mención a sucesos de la época a continuas alusiones a las formas del vestir o del comer que se dan cita en sus personajes. Es como un continuo apoyarse en el detalle concreto y cotidiano para, desde él, llegar al valor representativo de una sociedad y una época que aparecen reflejadas tanto por una pormenorización en los afeites femeninos que compite con el *Arcipreste de Talavera,* como por los sucesos históricos que, a manera de noticia, se registran y mueven a los personajes (el caso del ataque a Cádiz de los ingleses en *No hay peor sordo).*

En *Marta la piadosa,* esta apelación histórica se jugará admirablemente como paso temporal, como el paso de la historia y de la vida que se *representa* en el escenario donde, gracianescamente, lo importante es acabar bien. El paso de

Pues toda la corte veo
que se parte a la Mamora

es la fiel descripción de la toma de la plaza que refiere el Alférez como testigo de ella[21].

Comedia de los engañados, de Lope de Rueda, cuya adaptación de *Gl'Ingannati,* de los académicos Intronati de Siena, obligó al comediógrafo español a crear (con valor autónomo) unos *pasos* que le permitieran enlazar y *pasar* de una escena a otra. Por otro lado, la convencionalidad del disfraz masculino para la mujer era latente en la escena barroca, ya que el traje masculino en ellas estaba sólo insinuado para evitar las exclamaciones de los «mosqueteros». Cfr. Romera Navarro, *Las disfrazadas de varón en las comedias,* en *Hispanic Review,* II (1934), págs. 269-286.

[21] Cfr. Guillermo Gustavino Gallent, *La toma de la Mamora relatada por Tirso de Molina,* Larache, 1939, donde se afirma documentalmente que «no es sólo exacto el poeta en el número de barcos, en el de combatientes o en la fecha; lo es en casi todos los detalles, hasta en los más nimios». Contrasta significativamente esta fidelidad en lo cortesano, frente a lo *histórico posible* de la *Trilogía de los Pizarros* o a la adulteración conveniente en comedias palaciegas como *El vergonzoso en palacio.* Cfr. el mo-

Pasando así de lo histórico a lo «costumbrista» (la descripción de la fiesta de toros que se nos dice mientras sucede), *Marta la piadosa* es una comedia que se mueve extraordinariamente dentro de una estructura perfecta. Iniciada con un soneto de Doña Marta, que tiene todo el valor de *aparte* marcado ya por Lope, su lentitud interna de pensamiento se contrasta rápidamente con el diálogo en amor de Doña Marta y Doña Lucía, que nos sitúa en ágil movimiento ante una situación y unos personajes femeninos que presidirán el *enredo.* Porque la afirmación de Marta en esa primera escena

Siempre somos las mujeres,
si lo pretendes saber,
 mucho más largas de vista
que los hombres: penetramos
las almas cuando miramos,
sin que el cuerpo lo resista.

es una afirmación feminista que señala el carácter que tendrá la comedia de enredo. Tirso, que ya en la titulación de sus obras marca un carácter (*El vergonzoso* en..., *La prudencia* en...)[22], da a esta comedia el título de *Marta la piadosa.* Pero esa adjetivación *(la piadosa)* no conviene en este caso únicamente al personaje admirable de Marta (con lo que sería una comedia de carácter), sino a una situación femenina, enfrentada con una sociedad, que se ve obligada a recurrir al enredo como solución vital. Con lo que este personaje (en cierto modo símbolo) aparece tocado por una *simpatía* que ya lo diferencia a gran distancia del interesado y negativo personaje análogo del *Tartuffe*, de Molière. El personaje de Tirso (contrariamente al de Molière) es una criatura femenina deliciosa que quiere cumplir una gene-

derno planteamiento crítico de María del Pilar Palomo, *Elementos temporales del Teatro de Tirso*, incluido en la cit. introducción de la B.A.E.

[22] Este empeño de señalar el carácter de los personajes en el título lo destaca ya Juan José Herranz en *La realidad viviente de los personajes imaginados por Tirso de Molina* (Discurso de 13 de abril de 1902), Madrid, R.A.E., 1902, pág. 16.

rosidad de vida que siente y a la que tiene derecho frente a una sociedad canonizada.

En gran medida, Marta es, en la pluma de Tirso, la defensa ante una sociedad de una posición femenina que, en vertiente opuesta, está condenada en *El Burlador.* En *Marta,* el personaje femenino representa un personaje-activo, sujeto de sí (en la herencia de la actividad femenina del Renacimiento que siente Melibea), que triunfa frente a una sociedad.

Pero dentro de esta oposición tirsista que el autor transfiere a sus personajes, *Marta la piadosa* es una deliciosa comedia de enredo, en cuyo título (de acuerdo con el desarrollo teatral) *piadosa* tiene una connotación específica que se corresponde con el juego de palabras que animarán la comicidad de la obra. La oposición de Tirso, esta vez, se desenvuelve por un tono y movimientos de alegre comedia, donde el desengaño ante las reglas de una sociedad está expresado en los mejores módulos de la comedia, desarmando en acción grata el tema de la hipocresía religiosa. Este valerse de lo piadoso, como defensa social (distintamente al retorcido aceptar de la Lucrecia de Maquiavelo frente a fray Timoteo), que necesita Marta, entra en la más femenina y ágil acción positiva de las discretas enamoradas y gobierna siempre, como sujeto lógico, el enredo. Y así, a la censura *social* de la hermana de Marta,

> que no hay engaño mayor
> que el engaño a lo beato

responderá indirectamente Marta (a quien su hermana escucha escondida), dirigiéndose a su amado Don Felipe:

> Estarás, mi bien, cansado
> de tanto disfraz grosero;
> que es amor muy caballero
> y quiere andar bien tratado.
>   Querrás que en el traje y brío
> tu nobleza participe
> adornos de don Felipe,
> no sotanas de Berrío;

ya te debe de cansar
mi fingido encerramiento.

Es expresar la necesidad (no complacencia) del enredo para salvar una situación amorosa que no debería tener impedimentos. En esta tensión provocada por unas reglas *culpables*, es lógico que el enredo produzca festividad en los amantes (y espectadores), como en la escena de las declinaciones latinas, o que el enredo suene a victoria en boca de los amantes cuando dialogan y se llaman en soledad:

Doña Marta
Mi perlático de perlas,
mi estudiante en afición,
mi maestro en dar lición
de industrias para saberlas...

Don Felipe
Mi hipócrita enamorada,
mi escrupulosa fingida,
mi melindrosa querida,
mi socarrona taimada,
dame esos brazos.

La apariencia del caballero pobre de *Lazarillo* (todavía colgado de ideales que retorcerán los don Toribios del *Buscón*, de Quevedo), ha evolucionado hacia la apariencia de la discreción barroca. Es un paso, un desengaño que Tirso siente en agilidad de comedia y contra el que (perfecto conocedor de la psicología femenina) se defiende en la proclamación renacentista de libertad femenina que encarna Marta. La *hipocresía* de Marta es la respuesta, en tiempo de comedia, a esa discreción barroca, sumida en reglas de apariencia. Dirá a Pastrana:

Linda sangre y humor cría,
Pastrana, la hipocresía.
Nunca tuve libertad
mientras que viví a lo damo,
pero agora, si intentaba

salir fuera, me costaba
una riña; ya no llamo
a la dueña, al escudero,
ni aguardo la silla y coche,
ni me riñen si a la noche
vuelvo; voy a donde quiero.

No está lejos el admirable cuadro de *Marta la piadosa* del escenario cubierto de acción de *El burlador*. La distancia (y es importante en la perfección de estructura del mercedario) es el cambio de la comedia cortesana al drama. De acuerdo con este cambio, la mujer-activa que es Marta (que resuelve su problema en comedia, en final feliz) desaparece del *Burlador* para reaparecer, bajo el mismo módulo educativo, la mujer-pasiva (con el contrapunto de Ana de Ulloa) que sufre, en distinta gradación social, un final dramático. Es un aspecto concreto de desengaño que se contrasta con el aspecto legendario de don Juan Tenorio, arrancado de la leyenda y proyectado en el tiempo[23].

Me interesa insistir ligeramente en este aspecto femenino de Tirso (en estas sus dos obras), porque dentro de la temporalidad barroca que presiona sobre el mercedario, entiendo que ese libertar a Marta (a través de una justificada hipocresía *provocada* por la sociedad) es una nota de acercamiento al pasado renacentista (que desengaña su barroco). Este acercamiento está plenamente desilusionado en *El burlador*, donde la pasividad femenina se contrasta con el poder o actividad del mito donjuanesco, mito con el que no hay fusión por parte del autor barroco, contrariamente a la fusión mítica que se da (y es creación) en el Renacimiento.

---

[23] Cfr. los ya clásicos (y todavía muy vigentes) estudios de G. Gerdarme de Revotte, *La legende de don Juan. Son evolution dans la littérature des origines au romantisme*, París, 1911, y V. Said Armesto, *La leyenda de Don Juan*, Madrid, 1908, así como la profunda interpretación del personaje de F. Maldonado de Guevara, *Dolo malo y dolo bueno. El burlador en la noche*, en *Revista de Estudios Políticos*, Madrid, t. XII, 63, (1952), págs. 61-177.

Recordemos para ello (y sin olvidar el movimiento festivo del *Decameron*), la argumentación renacentista de una obra ya citada: *La Mandrágola*, de Maquiavelo (que se inicia prologal y significativamente con la canción «Perché la vita è brieve...»)[24]. El movimiento de su enredo no debe ocultar su significación.

Resulta, argumentalmente, que Callimaco, joven, está enamorado de una joven *piadosa* y bella, Lucrezia, que está casada con un anciano doctor (casi *indiano*): Messer Nicia. El matrimonio no tiene hijos, y Nicia, preocupado, piensa problemáticamente en todas las causas de ello, menos en sí mismo. Entonces aparece la figura pícara de Ligurio, que enredará la trama en provecho propio, partiendo del hecho de que Lucrezia, piadosa y honesta, jamás accedería *normalmente* a la pretensión amorosa de Callimaco. Ligurio urde el argumento de que la toma de una pócima extraordinaria (la mandrágora) por parte de Lucrezia hará a ésta fértil. Pero hay un peligro, que Ligurio explica bien: el primer hombre que se acueste con una mujer así fertilizada, absorbe un veneno que lo mata. Ligurio prosigue en el egoísmo del viejo Nicia: sería lamentable que un hombre como Nicia muriera, y la solución será atrapar al primero que pase por la calle para *sacrificarlo* en el lecho de Lucrezia (ese joven, naturalmente, será Callimaco). Convencer a Nicia no ha sido muy difícil, y el obstáculo será la honestidad de Lucrezia. Pero Lucrezia es obediente, pasiva, y su mismo matrimonio con el viejo ha sido una prueba de esa obediencia medievalmente aconsejada como virtud. Ligurio acude a ello a través de la autoridad de Sostrata, madre de Lucrezia, y de frate Timoteo. Ellos, con el propio marido, convencen a Lucrezia para que tome la pócima y ella, obediente, accede a su encuentro nocturno con el primer hombre que pase y que será Callimaco.

Pero ya no estamos en la virtud recompensada de la obediencia y pasividad femeninas del mundo medieval, exal-

---

[24] Cfr. en la edición de *Opere letterarie*, de Luigi Blasucci, Adelphi, Milán, 1964, págs. 1-65. El prólogo de Blasucci ocupa hasta la pág. XL.

tadas desde los *Miracles de Notre-Dame* hasta la narración (aislada) de Griselda y Gualtieri del propio *Decameron*[25]. *La Mandrágola* termina burlescamente. Lucrezia, después de conocer a Callimaco en experiencia amorosa, ya no se contentará con el juego y con el viejo messer Nicia, y si tiene hijos no serán, precisamente, de éste. La conclusión del silogismo medieval se ha vuelto contra las virtuosas premisas de la obediencia femenina. *La Mandrágola* es una obra divertida, de aparente movimiento intrascendente, pero su burla está significando la rebeldía renacentista frente a una educación femenina medieval.

Su conclusión es lo opuesto a la virtud recompensada del cuento de Boccaccio. Maquiavelo está en la vida, y en él la obediencia femenina (el canon de sumisión expuesto en *La villana de Vallecas*) conduce al adulterio en cuanto que esa obediencia es puesta en contacto con la vida.

Frente a la obediencia y pasividad femeninas que retornan con la discreción y prudencia barrocas (porque ciertamente la libertad renacentista se había desbordado en cortesanas), Tirso, que sabe el desengaño de confesiones femeninas[26], levanta, no la burla de *La Mandrágola*, sino esa necesaria hipocresía de *Marta la piadosa*, o el anverso de la moneda que suena la actividad de Don Juan en *El burlador*. En relación con las palabras de Cervantes en Don Quijote ya citadas al comienzo (reflejándonos «al vivo» el teatro), Marta representaría «lo que habemos de ser», mien-

---

[25] Recuérdese (aparte de antecedentes) que esta narración tan divulgada aisladamente como ejemplo de virtud femenina terminaba sentenciosamente: «e... savissimo reputaron Gualtieri, come che troppo reputassero agre e intolerabili l'esperienze prese della sua donna, e sopra tutti savissima tenner Griselda».

[26] Ya desde P. Muñoz Peña (*El teatro del Maestro Tirso de Molina*, Valladolid, 1889), viene siendo un tópico el conocimiento femenino de Tirso a través del confesionario, para configurarlo, a veces, como un autor antifeminista. Se comprende por lo que llevo expuesto, que no comparto en modo alguno este antifeminismo asignado. Es como si, en otra vertiente muy distinta, se juzgara antifeminista a Lope por sus libelos contra Elena Osorio, olvidando cuánto amor (y pasión) fue Elena en su palabra poética.

tras que las damas del *Burlador* serían «lo que somos» en algunas circunstancias. Y resulta obvio que Tirso censura «lo que somos» bajo el aparentar barroco.

En un otro drama (de carácter bíblico), *Tanto es lo de más como lo de menos*, Tirso ya ataca abiertamente la unión entre el rico avariento (podría ser *indiano*) y la dama joven que, por *realismo*, desprecia al joven galán. Liberio, el joven enamorado, tiene ya muchos (y divertidos) puntos de contacto con el Don Juan del *Burlador*. Pero hay una diferencia: frente al símbolo, Liberio, es un carácter de individualidad amorosa por el que siente Tirso una simpatía (porque no hay que olvidar la categoría humana de la Margarita de *Quien no cae no se levanta*, a la que Tirso cuida en su noble consideración del amor, como redención).

Al igual que en tantas otras comedias de enredo de Tirso, como la Lucía de *No hay peor sordo* o la Narcisa de *Quien calla otorga*, el engaño juega en *Marta*, con su intención de hacerse monja, como un elemento feminista que personaliza el carácter de la mujer ante unas imposiciones o prejuicios sociales que la mediatizan. De tal manera que Laura Dolfi señala muy acertadamente: «Personaje resuelto, dinámico, ingenioso, la mujer asume en muchas comedias de Tirso de Molina el papel de protagonista, de conductora y *arbiter* del enredo amoroso»[27]. Creo que, en este sentido, *Marta la piadosa* es un magnífico ejemplo de comedia cortesana, en la que el enredo amoroso comienza ante nosotros, en las tablas, cuando ya la pareja protagonista estaba enamorada. La presentación inicial es distinta a lo que se representa en *Por el sótano y el torno* sobre las tablas, con un don Fernando que siente «por la vista» el nacimiento del amor, frente al amor «de oídas» que nos ofrece el portugués don Duarte. Pero uno cree que no es aventurado el

[27] Laura Dolfi, «La mujer burlada: honor e invención en la comedia de enredo» en *Tirso de Molina. Immagine e rappresentazione* ya cit., páginas 135-187, no lejos del excelente trabajo de Pablo Jauralde Pou «La tensión erótica en el teatro de T. de M.» y de María del Pilar Palomo «El estímulo erótico de la dama dormida», en *Edad de Oro*, Madrid, IX (1990) págs. 221-230.

pensar por el carácter de Marta que, previamente y fuera de las tablas, la *piadosa* Marta y su amado sintieron, más allá del oír barroco y la presunción donjuanesca, esa mirada, transportadora en su luz de sensaciones, con la que en evocación renacentista iniciaba esta Introducción.

IV. De las ediciones

Las obras seleccionadas en el presente volumen corresponden a la mejor y más considerada producción de Tirso de Molina, que, en cuanto a comedia de enredo, podría completarse con *Don Gil de las calzas verdes*, *La villana de Vallecas* o *Por el sótano y el torno*.

De las obras incluidas, casi todos los investigadores, salvo la excepción de Blanca de los Ríos, dan como fecha de redacción la de 1614 para *Marta la piadosa*. La razón está en la escena V del acto I, en la que se alude a los preparativos del asalto a la Mamora, y la relación, pormenorizada y extensa de dicho asalto, en la escena II del acto II. Tirso (que sigue con absoluta fidelidad histórica los sucesos del célebre sitio) relata la acción como acaecida en fechas inmediatamente anteriores, como lo prueba el hecho de que en el primer acto se aluda a los momentos preliminares, y en el segundo (entre ambos ha transcurrido un mes aproximadamente, exigido por el desarrollo argumental de la trama), se notifique el suceso ya concluido. Probablemente Tirso utilizaría cualquiera de las *relaciones* sobre el sitio, que se publicarían en los mismos días, ya que se inserta la relación como respuesta *verdadera* a las hablillas del vulgo mal informado. ¿Podía aludirse a esta mala información si hubiese transcurrido mucho tiempo entre la acción militar y la redacción de la comedia? Indudablemente, no. Todo lo más (y suponiendo, como cosa natural, que Tirso no tendría acceso a las cartas enviadas por don Luis Fajardo al presidente don Francisco Duarte), podría situarse a principios de 1615, cuando ya había visto la luz el *Discurso historial de la prensa que del puerto de Mamora hizo la Armada Real de España en el año 1614*, por Agustín de Horozco, impreso en Madrid en el año 1615. (Para todo lo referente a la historicidad, fechas y fuentes de la conocida relación tirsista puede consultarse: Guillermo Gustavino, *La toma de la Mamora relatada por Tirso de Molina*, Larache, 1939.)

Blanca de los Ríos da, igualmente, la fecha de 1615, pero de finales de año, basándose en la suposición (demostración, para la conocida tirsista) de que en la obra se alude a la *Segunda Parte* de *El Quijote*, aparecida a finales de 1615 o principios de 1616, según prueban la *Tasa*, *Fe de erratas* y *Aprobación* del libro, fechados en octubre y noviembre de 1615. Por otro lado, Blanca de los Ríos ve «clarísimas» alusiones en la obra a los amores de Lope de Vega con Marta de Nevares y con Lucía Salcedo, hasta el pundo de que basa la cronología de la comedia en la de estos amores, hasta retrasar la redacción en cerca de un año. Debo confesar que el cúmulo de pruebas aducidas no ha llegado a convencerme de la suposición, ya que se basan en interpretaciones del texto que se quiebran de sutiles.

La obra se imprimió por vez primera en la *Quinta parte de las comedias del Maestro Tirso de Molina*. Recogidas por don Francisco Lucas de Ávila, sobrino del autor, Madrid, 1636. Para la presente edición se ha seguido la realizada por Eduardo Juliá Martínez, para la Biblioteca Clásica Ebro, Zaragoza, 1963 (5.ª edición). Pero para seguir el curso textual de la comedia, como para todo al teatro de Tirso, confróntese de Xavier A. Fernández, *Las comedias de Tirso de Molina,* Universidad de Navarra, Edition Reichenberger, 1991, vol. III, págs. 1144-1155.

El burlador de Sevilla se publicó en 1630 en la colección *Doce comedias de Lope de Vega Carpio y otros autores.* Segunda parte, Barcelona. Para la conexión con *El condenado por desconfiado* aludida en mi Introducción, cfr. la Addenda que ofrece Xavier A. Fernández (en *Las comedias de Tirso de Molina,* 1991, vol. I, págs. 438-439), quien apoyándose en un artículo de 1989 del profesor Cruickshank, concluye: «esta *suelta* del año 1262 constituye, a nuestro ver, una prueba irrefutable de que *El condenado* es de Tirso».

El burlador cuenta con una tradición editora, especialmente fijada por Américo Castro, quien se sirvió de *Tan largo me lo fiáis* para la corrección del texto de 1630. Era lógico que muy cuidadas ediciones anotadas como las de Hill y Harlan o la de Joaquín Casalduero siguieran la edición de Castro, dado el entendimiento de *Tan largo* como una refundición muy posterior. Disienten de este criterio las ediciones de Xavier A. Fernández y la de 1987 de Alfredo Rodríguez con la atribución de *El burlador* a Claramonte. Especial interés presenta la edición bilingüe, en 1962, de Pierre Guenoum, ateniéndose a la *princeps*, criterio que con atinado empeño y documentación siguió Luis Vázquez en su edición de 1989. Tratándose mi presente edición de *El burlador* de una modesta y escolar edición, donde no cabían discusiones textuales, indicaré que he seguido fundamentalmente la *princeps*, teniendo muy en cuenta las ediciones de Castro, Casalduero y Xavier A. Fernández, de las que soy deudor.

De las ediciones primeras de *El burlador* y *Tan largo me lo fiáis*, existe reproducción facsimilar, con prólogo de Xavier A. Fernández, Madrid, Revista Estudios, 1988, quien ya en la revista *Segismundo* (Madrid, 1969-71), había editado unos amplios y documentados comentarios al texto de *El burlador*. Y véanse, junto a la revista *Estudios*, los textos de diversos autores que se recogen en los volúmenes ya citados en la nota 14 de estas páginas.

BIBLIOGRAFÍA

Dos comedias como las contenidas en el presente volumen han sido frecuentemente editadas, como ya indiqué anteriormente con los ejemplos editores de E. Juliá, Américo Castro, Xavier A. Fernández, Emilio Cotarelo o Luis Vázquez, de los que soy deudor en distinta medida. Una responsable adaptación de *Marta* fue realizada por F. B. Pedraza en la Universidad Castilla-La Mancha, 1995.

El *Teatro escogido* de fray Gabriel Téllez debido a Hartzenbusch, cuyo primer tomo apareció en Madrid, 1839 (conteniendo entre otras comedias *Marta la piadosa)* y unos apuntes biográficos por Agustín Durán, puede completarse con Emilio Cotarelo, *Catálogo razonado del teatro de T. de M.*, Madrid, NBAE, 1902.

Existe la edición de *Obras Completas* por Blanca de los Ríos, Madrid, Aguilar, 1946. M.ª del Pilar Palomo, con una amplia introducción, publicó en siete tomos, en la B.A.E., Madrid, 1970, las *Obras de Tirso de Molina,* y tiene en curso de publicación unas *Obras*, Madrid, Turner, 1994 y sigs. Importante son *Las comedias de Tirso de Molina. Estudios y métodos de crítica textual* de X. A. Fernández, Pamplona, 1991, ya citado. Una muy útil y detallada bibliografía de Tirso se ofrece en *An Annotated, Analytical Bibliography of T. de M. Studies,* 1627-1977, debida a Vern G. Williamsen y Walter Poesse, University of Missouri Press, Columbia y Londres, 1979. Y cfr. las distintas aportaciones bibliográficas presentadas por la revista *Estudios.*

Junto a lo ya precisado y utilizado en mi Introducción, cfr.:

AAVV, *Homenaje a Tirso,* Biografía y documentos. Estudios teatrales, *La Historia General.* Bibliografía. Inéditos, Revista *Estudios,* Madrid, 1981.

AAVV, *Studi tirsiani,* Feltrinelli, Milán, 1958.

AAVV, *Tirsiana,* Edit. por B. Pallarés y J. Kulilmann, Castalia, 1990.

AAVV, *Tirso de Molina,* Revista *Estudios*, número monográfico, Madrid, 1949.
AAVV, *Tirso de Molina. Immagine e rappresentazione. Segundo Coloquio Internacional. Con un' appendice sul tema del Don Giovanni.* A cura di Laura Dolfi, Nápoles, Edizioni Saéntofiche Italiane, 1991.
FLORIT DURÁN, F., *Tirso de Molina ante la comedia nueva. Aproximación a una poética,* «Estudios», Madrid, 1986.
VOSSLER, Karl, *Lecciones sobre Tirso de Molina,* Madrid, Taurus, 1965.

CRONOLOGÍA*

* Cronología establecida por Coronada Pichardo (Universidad Carlos III de Madrid).

Datos sobre el autor	Referencias históricas y políticas	Arte, ciencia y cultura
1579		**1579**
— Nace en Madrid (24-III) según la partida bautismal encontrada por Luis Vázquez. Otras fechas dadas son: la de Guillermo Guastavino (1580), Manuel Penedo (1581) y Blanca de los Ríos (1584). — Estudia Humanidades en el Colegio Imperial de la Compañía de Jesús. Entra en contacto con el «teatro del colegio», acogido por jesuitas básicamente.		— Inauguración del Corral de la Cruz en Madrid.
	1580	**1580**
	— Incorporación de Portugal. — Repoblación de Buenos Aires por Juan de Garay.	— Fernando de Herrera, *Anotaciones a las obras de Garcilaso de la Vega* — El Greco, *San Mauricio.* — Montaigne, *Ensayos.* Tasso, *Jerusalén libertada.* — Nace Francisco de Quevedo y Villegas.

DATOS SOBRE EL AUTOR	REFERENCIAS HISTÓRICAS Y POLÍTICAS	ARTE, CIENCIA Y CULTURA
	1583	**1583**
	— Preparativos españoles para la invasión de Inglaterra	— Fray Luis de León, *La perfecta casada* y *De los nombres de Cristo.* Fray Luis de Granada, *Introducción al símbolo de la fe.*
	1584	**1584**
	— Felipe II e Isabel de Inglaterra en guerra.	— Cervantes, *Numancia.* — Finaliza la construcción de El Escorial
		1585
		— Santa Teresa, *Camino de perfección.* Cervantes, *La Galatea.*
	1587	**1587**
	— María Estuardo es ejecutada.	— Sabuco, *Nueva filosofía de la naturaleza del hombre.*

1588	**1588**
— Fracaso de la Armada Invencible. — Jornada de las Barricadas en París.	— Santa Teresa, *Libro de su vida y Castillo interior o Las Moradas.* Beato Juan de Ávila, *Obras.* Malón de Chaide, *Libro de la conversión de la Magdalena.* Juan de la Cueva, *Primera parte de comedias.* Argote de Molina: *Nobleza del Andaluzía.*
1593	**1593**
— Estados Generales de Francia (París).	— Shakespeare, *Venus y Adonis; Ricardo III.*
1596	**1596**
— Saqueo de Cádiz por Howard.	— López Pinciano, *Filosofía antigua poética.* — Kepler, *Mysterium cosmographicum.*
	1597
	— Francisco Suárez, *Disputationes Metaphysicae.*

DATOS SOBRE EL AUTOR	REFERENCIAS HISTÓRICAS Y POLÍTICAS	ARTE, CIENCIA Y CULTURA
		— Francis Bacon, *Essays*. Shakespeare, *El Mercader de Venecia. Romeo y Julieta.*
	1598	**1598**
	— Cesión de los Países Bajos. — Muerte de Felipe II. Felipe III, rey. — Surge el tipo del *valido:* Lerma.	— Lope de Vega, *La Dragontea.* — Inauguración del *Teatro del Globo* en Londres.
1600	**1600**	**1600**
— Ingresa en el Convento de la Merced en Madrid. — Cumple su año de noviciado en la Merced de Guadalajara.	— Derrota de España en las Dunas. — Fundación de la Compañía inglesa de las Indias Orientales. — Creación del Banco de Amsterdam.	— Nace Calderón de la Barca (1600-1681). — Giordano Bruno muere en la hoguera en Roma.
1601	**1601**	**1601**
— Profesa en Guadalajara.	— Sitio de Ostende. — Expedición española a Irlanda. Tratado de Lyon.	— Shakespeare: *Hamlet* (1600-1601).

1603	**1603**	**1603**
— Estudia teología en Toledo.	— Muere Isabel de Inglaterra.	— Rojas Villandrando, *Viaje entretenido.*
	1604	**1604**
	— Rendición de Ostende. — Paz de Londres. — Los franceses se establecen en Acadia (Nueva Escocia —hoy Canadá).	— Se inicia la publicación de las XXI partes de las *Comedias* de Lope de Vega (1604-1635). Mateo Alemán, *Segunda parte de la vida de Guzmán de Alfarache.* — Shakespeare, *Otelo.*
		1605
		— Cervantes, *Don Quijote de la Mancha* (primera parte). *La pícara Justina.* Pedro Espinosa, *Flores de poetas ilustres.* — Shakespeare, *El Rey Lear; Macbeth.* Ben Jonhson, *Volpone.*
1608	**1608**	
— Se ordena de presbítero.	— Champlain funda Quebec.	

DATOS SOBRE EL AUTOR	REFERENCIAS HISTÓRICAS Y POLÍTICAS	ARTE, CIENCIA Y CULTURA
	1609	**1609**
	— Expulsión de los moriscos.	— El Inca Garcilaso de la Vega, *Comentarios reales*. Lope de Vega, *Arte nuevo de hacer comedias*.
1610	**1610**	**1610**
— Comienza a escribir obras dramáticas.	— Asesinato de Enrique IV. — Toma de Larache.	— Galileo inventa el telescopio y publica *Nuntius sidereus*.
1611		**1611**
— Se traslada de Madrid a Toledo. — Escribe *La villana de la Sagra*. — Desempeña el cargo de coadjutor de lector de Artes.		— Covarrubias, *Tesoro de la lengua castellana o española*. Diego de Hojeda, *La Cristiada*. — Kepler inventa el telescopio astronómico.
1612		**1612**
— Contrata con Juan Acacio, autor de comedias, la entrega de *Cómo han de*		— Salas Barbadillo, *La hija de Celestina o La ingeniosa Elena*.

ser los amigos, Sixto Quinto y El saber guardar su hacienda.		— Rubens, *Descendimiento de la Cruz.*
1615		**1615**
— Estrena en Toledo *Don Gil de las calzas verdes.*		— Cervantes, *Ocho comedias y ocho entremeses; Don Quijote de la Mancha (2.ª parte).* Villaviciosa, *La Mosquea.* — William Harvey descubre la circulación de la sangre, descrita anteriormente por Miguel Servet.
1616	**1616**	**1616:**
— Viaja a Sevilla, con destino a Santo Domingo como predicador y para impartir cursos de Teología.	— Los Países Bajos juran fidelidad a Felipe III.	— Muerte de Cervantes (23-IV). — Jerónimo Gracián, *Obras* (ed. póstuma). — La Inquisición prohíbe a Galileo la enseñanza de sus teorías.
	1617	**1617**
	— Paz de Pavía.	— Cervantes, *Los trabajos de Persiles y*

Datos sobre el autor	Referencias históricas y políticas	Arte, ciencia y cultura
	— El catolicismo es prohibido en Suecia.	*Segismunda.* (ed. póstuma). Cascales, *Tablas poéticas.* Cristóbal Suárez de Figueroa, *El Passagero.*
1618	**1618**	**1618**
— Regresa a España para participar en el Capítulo General efectivo de su orden, celebrado en Guadalajara. — Se traslada a Toledo.	— Conjuración de Venecia. — Comienzo de la guerra de Los Treinta Años.	— San Juan de la Cruz, *Obras espirituales.* Guillén de Castro, *Primera parte de las Comedias...* Vicente Espinel, *Relaciones de la vida del escudero Marcos de Obregón.* — Se acaba la construcción de la Biblioteca Bodleiana (Oxford).
	1619	**1619**
	— Reunión del primer parlamento en América (Jamestown).	— Francisco Pacheco edita las *Poesías* de Fernando de Herrera. Lope de Vega, *Fuenteovejuna.*

1620	**1620**	**1620**
— Se establece en Madrid y ayuda a fray Gaspar Prieto en la campaña para el generalato de la Orden. — Asiste a Academias literarias y comienza su actividad como literato: escribe *El burlador de Sevilla y El condenado por desconfiado.*	— Intervención de España en la guerra de los Treinta Años. — Los ingleses ocupan Quebec (Canadá).	— Liñán y Verdugo, *Avisos y Guía de forasteros que vienen a la Corte.* — Bacon, *Novum Organum Scientiarum.*
1621	**1621**	**1621**
— Comienza la impresión de *Los cigarrales de Toledo,* que incluyen sus defensas sobre el teatro en la línea de Lope de Vega.	— Muerte de Felipe III: Felipe IV, Rey. — Fin de la tregua de los Doce Años. Tratado de Madrid.	— Fundación del primer periódico inglés: *Corante* (1621-1641).
1622		
— Participa en el certamen poético presidido por Lope de Vega, organizado para festejar la canonización de san Isidro.		

Datos sobre el autor	Referencias históricas y políticas	Arte, ciencia y cultura
1624	**1624**	**1624**
— Publica *Los Cigarrales de Toledo.* Importante obra miscelánea que alterna poesía, novelas y comedias.	— Richelieu, ministro de Luis XIII. Los holandeses fundan Nueva Amsterdam (luego, Nueva York).	— Tirso de Molina, *Los Cigarrales de Toledo* (incluye *El vergonzoso en Palacio*). Balbuena, *El Bernardo.* Jáuregui, *Orfeo.* — Velázquez, *Los borrachos.*
1625		**1625**
— La Junta de Reformación le acusa de realizar «comedias profanas y de malos incentivos y ejemplos» en el dictamen *Maestro Téllez por otro nombre Tirso, que hace comedias.*		— Guillén de Castro, *Segunda parte de las Comedias.*
1626:		**1626:**
— Obtiene privilegio en Sevilla para la impresión de la *Primera parte* de sus comedias.		— Quevedo, *Historia de la vida del Buscón, llamado Don Pablos, ejemplo de vagabundos y espejo de tacaños.* — Bacon, *The New Atlantis.*

1627	**1627**	**1627**
— Se edita *Primera parte* de las comedias, en Sevilla.	— El gobernador de Milán ocupa el Moferrato. Los ingleses se apoderan de Nueva Escocia. El Japón prohíbe la entrada de extranjeros (1627-1852)	— San Juan de la Cruz, *Declaración de las canciones [Cántico espiritual...].* Góngora, *Obras en verso* (ed. López de Vicuña).
		1628
		— Ruiz de Alarcón, Parte primera de las comedias de... [*Las paredes oyen,* etcétera].
1629	**1629**	**1629**
— Se traslada a Salamanca. — Lee su famoso *Acto de Contrición,* ante el Cristo de la Veracruz. — Organiza las fiestas de canonización de Pedro Nolasco y Ramón Nonato.	— Nace el príncipe Baltasar Carlos (1629-1646). Paz de Lübeck: fin del período danés de la guerra de Treinta Años.	— Calderón de la Barca, *El príncipe constante.* Conde de Villamediana, *Obras* (ed. Dionisio Hipólito de los Valles).

Datos sobre el autor	Referencias históricas y políticas	Arte, ciencia y cultura
1630	**1630**	**1630.**
— *El burlador de Sevilla* aparece editado dentro de las *Doce nuevas comedias de Lope y otros autores,* en Toledo.	— Se comienza la construcción del Retiro (Madrid).	— Velázquez, *La fragua de Vulcano.*
1632		**1632**
— Finaliza la escritura de *Deleitar aprovechando.* — Es nombrado Cronista General de la Orden.		— Lope de Vega, *La Dorotea.* Castillo Solórzano, *La niña de los embustes, Teresa del Manzanares.*
		1633
		— Calderón de la Barca, *La devoción de la Cruz.* González de Salas, *Nueva idea de la tragedia antigua.*
1634		**1634**
— Se publica la *Tercera parte* de sus comedias.		— Ruiz de Alarcón: Parte segunda de las comedias... [*La verdad sospe-*

		chosa, etc.]. Rodrigo Caro, *Antigüedades de Sevilla*...
1635	**1635**	**1635**
— La *Segunda y Cuarta parte* de sus comedias y el *Deleitar* se editan en Madrid. Edición en Madrid.	— Richelieu declara la guerra a España y a Austria. — Los franceses ocupan las islas de Guadalupe y Martinica. Los ingleses en las Islas Vírgenes.	— Muerte de Lope de Vega (27 de agosto). Calderón de la Barca, *La vida es sueño.* Inauguración del Palacio del Buen Retiro (Madrid) con la comedia *El mayor encanto, Amor,* de Calderón de la Barca. — Fundación de la Academia Francesa.
1636	**1636**	**1636**
— La *Quinta parte* de sus comedias se publica en Madrid. — Se le concede el grado de «Maestro» en la provincia de Castilla.	— Reacción española desde el Rhin: amenaza sobre París; réplica francesa: ocupación del Artois. — Penetración española por las Landas: toma de San Juan de Luz y de Bayona.	— Corneille, *Le Cid.* — Nace Boileau (1636-1711). — Fundación de la Universidad de Harvard (América).
		1637
		— Gracián, *El héroe; El Oráculo.* Casti-

DATOS SOBRE EL AUTOR	REFERENCIAS HISTÓRICAS Y POLÍTICAS	ARTE, CIENCIA Y CULTURA
		llo Solórzano, *Aventuras del Bachiller Trapaza.* María de Zayas, *Novelas ejemplares y amorosas.* — Descartes, *El discurso del Método.*
1639 — Finaliza la *Historia general de la Orden de la Merced,* inédita hasta 1973 (ed. del padre Penedo).		
1640 — Desterrado a Cuenca. Se le priva de su cargo de cronista y se prohíbe la edición de su *Historia.*	**1640** — Comienza la guerra de Cataluña. — Motín de Lisboa. Juan IV, duque de Braganza.	**1640** — Calderón de la Barca, *Primera parte de comedias* (*La vida es sueño; Casa con dos puertas; La dama duende,* etcétera). Rojas Zorrilla, Primera parte de las comedias (*Obligados y ofendidos; Santa Isabel, reina de Portugal,* etcétera]. Saavedra Fajardo, *Empresas políticas...* Gracián, *El político don Fernando el Católico.*

	1641 — Luis XIII, conde de Barcelona. Batalla de Montjuich. — Conspiración de Andalucía.	**1641** — Calderón de la Barca, Segunda parte de las comedias... (*El médico de su honra; A secreto agravio, secreta venganza,* etc.). Vélez de Guevara, *El diablo cojuelo.* — Descartes, *Las Meditaciones.*
	1642 — Muerte de Richelieu: Mazarino, primer ministro. — Se funda Montreal en Canadá.	**1642** — Calderón de la Barca, *El Alcalde de Zalamea.* Gracián, *Agudeza y arte de ingenio.* — Corneille, *Le Menteur.* — Los puritanos cierran los teatros en Inglaterra.
	1643 — Caída del poder del conde-duque de Olivares. — Desastre de Rocroy.	
1648 — Muere en el mes de febrero en el Convento de Almazán (Soria).		

EL BURLADOR DE SEVILLA

COMEDIA FAMOSA DEL MAESTRO

TIRSO DE MOLINA

Representóla Roque de Figueroa*

HABLAN EN ELLA LAS PERSONAS SIGUIENTES

Don Diego Tenorio (viejo)
Don Juan Tenorio (su hijo)
Catalinón (lacayo)
El Rey de Nápoles
El Duque Octavio
Don Pedro Tenorio
El Marqués de la Mota
Don Gonzalo de Ulloa
El Rey de Castilla
Doña Ana de Ulloa
Fabio (criado)
Isabela (duquesa)
Tisbea (pescadora)
Belisa (villana)
Anfriso (pescador)
Coridón (pescador)
Gaseno (labrador)
Batricio (labrador)
Ripio (criado)
Aminta (villana)

---

* Roque de Figueroa, célebre autor —empresario y actor— de comedias, famoso en toda España, y que pasó incluso con su compañía a Italia y Flandes. Estrenó, además, de *El burlador, El condenado por desconfiado.* Murió en Valencia en 1651, a los ochenta años.

JORNADA PRIMERA

(Salen DON JUAN TENORIO
e ISABELA, *duquesa.)*

ISABELA
Duque Octavio, por aquí
podrás salir más seguro.

DON JUAN
Duquesa, de nuevo os juro
de cumplir el dulce sí.

ISABELA
Mis glorias serán verdades,
promesas y ofrecimientos,
regalos y cumplimientos,
voluntades y amistades[1].

DON JUAN
Sí, mi bien[2].

ISABELA
Quiero sacar
una luz.

---

[1] Sigo aquí la edición *princeps,* aceptada por Luis Vázquez, suprimiendo las interrogaciones que enmarcan el párrafo y que adoptaron, desde Cotarelo, las ediciones modernas.

[2] Don Juan le confirma a Isabela la consecución de *sus glorias* con el presunto matrimonio.

DON JUAN
Pues ¿para qué?

ISABELA
Para que el alma dé fe
del bien que llegó a gozar[3].

DON JUAN
Mataréte la luz yo.

ISABELA
¡Ah, cielo! ¿Quién eres, hombre?

DON JUAN
¿Quién soy? Un hombre sin nombre.

ISABELA
¿Que no eres el duque?

DON JUAN
No.

ISABELA
¡Ah, de palacio!

DON JUAN
Detente:
dame, duquesa, la mano.

ISABELA
No me detengas, villano.
¡Ah, del rey! ¡Soldados, gente!

(Sale el REY DE NÁPOLES *con una vela en un candelero.)*

---

[3] Frente a la oscuridad como cómplice de que se vale don Juan, la actitud de contemplar el cuerpo del amado, tras el goce, era signo de grabación amorosa en la memoria.

REY

¿Qué es esto?

ISABELA

(Aparte.) ¡El rey! ¡Ay, triste!

REY

¿Quién eres?

DON JUAN

¿Quién ha de ser?
Un hombre y una mujer.

REY

(Aparte.) Esto en prudencia consiste.
¡Ah, de mi guarda! Prendé
a este hombre.

ISABELA

¡Ay, perdido honor!

(Vase ISABELA. *Sale* DON PEDRO TENORIO, *embajador de España, y guarda.)*

DON PEDRO

¡En tu cuarto, gran señor,
voces! ¿Quién la causa fue?

REY

Don Pedro Tenorio, a vos
esta prisión os encargo.
Siendo corto, andad vos largo [4],
mirad quién son estos dos.

---

[4] *corto... largo, prudente...* decidido. En *El vergonzoso en palacio* (acto II) la antítesis se aplica a la pasión amorosa, significando *timidez* expresiva frente a *apasionamiento* interno. Con análogo sentido que en el contexto, aparece en *La prudencia en la mujer* (acto I) aplicado al hierro —espada— y carácter del vizcaíno.

Y con secreto ha de ser,
que algún mal suceso creo,
porque si yo aquí lo veo
no me queda más que ver. *(Vase.)*

DON PEDRO

Prendedle.

DON JUAN

¿Quién ha de osar?
Bien puedo perder la vida;
mas ha de ir tan bien vendida,
que alguno le ha de pesar.

DON PEDRO

¡Matalde!

DON JUAN

¿Quién os engaña?
Resuelto en morir estoy,
porque caballero soy
del embajador de España.
Llegue; que solo ha de ser
quien me rinda.

DON PEDRO

Apartad
a ese cuarto os retirad
todos con esa mujer *(Vanse.)*
Ya estamos solos los dos;
muestra aquí tu esfuerzo y brío.

DON JUAN

Aunque tengo esfuerzo, tío,
no le[5] tengo para vos.

---

[5] *Le* por *lo* es frecuente en Tirso, en quien se percibe claramente el leísmo.

Don Pedro

¡Di quién eres!

Don Juan

Ya lo digo:
tu sobrino.

Don Pedro

(Aparte.) ¡Ay, corazón,
que temo alguna traición!
¿Qué es lo que has hecho, enemigo?
¿Cómo estás de aquesta suerte?
Dime presto lo que ha sido.
¡Desobediente, atrevido!...
Estoy por darte la muerte.
Acaba.

Don Juan

Tío y señor,
mozo soy y mozo fuiste;
y pues que de amor supiste,
tenga disculpa mi amor.
Y, pues a decir me obligas
la verdad, oye y diréla:
yo engañé y gocé a Isabela
la duquesa...

Don Pedro

No prosigas
Tente. ¿Cómo la engañaste?
Habla quedo y cierra el labio[6].

Don Juan

Fingí ser el duque Octavio...

---

[6] Las ediciones modernas, salvo Vázquez, prefirieron la conjunción disyuntiva *o* a la partícula de relación *y* que aparece en la *princeps* y que me parece mejor lectura.

DON PEDRO

No digas más, calla, baste.
(Aparte.) Perdido soy si el rey sabe
este caso. ¿Qué he de hacer?
Industria[7] me ha de valer
en un negocio tan grave.
Di, vil: ¿no bastó emprender
con ira y con fuerza extraña
tan gran traición en España
con otra noble mujer,
sino en Nápoles también
y en el palacio real,
con mujer tan principal?
¡Castíguete el cielo, amén!
Tu padre desde Castilla
a Nápoles te envió,
y en sus márgenes te dio
tierra la espumosa orilla
del mar de Italia, atendiendo
que el haberte recebido
pagaras agradecido,
¡y estás su honor ofendiendo,
y en tal principal mujer!
Pero en aquesta ocasión;
nos daña la dilación;
mira qué quieres hacer.

DON JUAN

No quiero daros disculpa,
que la habré de dar siniestra[8].
Mi sangre es, señor, la vuestra;
sacalda, y pague la culpa.
A esos pies estoy rendido;
y ésta es mi espada, señor.

DON PEDRO

Álzate y muestra valor,
que esa humildad me ha vencido.

---

[7] *industria,* astucia, artimaña ingeniosa.
[8] *siniestra,* torcida, indebida.

¿Atreveráste a bajar
por ese balcón?

Don Juan

Sí atrevo,
que alas en tu favor llevo.

Don Pedro

Pues yo te quiero ayudar.
Vete a Sicilia o Milán[9],
donde vivas encubierto.

Don Juan

Luego[10] me iré.

Don Pedro

¿Cierto?

Don Juan

Cierto.

Don Pedro

Mis cartas te avisarán
en qué para este suceso
triste, que causado has.

Don Juan

(Aparte.) Para mí alegre, dirás.
Que tuve culpa, confieso.

Don Pedro

Esa mocedad te engaña.
Baja, pues, ese balcón.

Don Juan

(Aparte.) Con tan justa pretensión
gozoso me parto a España.

---

[9] Que Sicilia y Milán no fueran posesiones españolas en el tiempo de acción de la obra facilitaba el encubrimiento de don Juan, aunque el espectador del siglo XVII sintiera como españolas ambas ciudades.

[10] *luego,* al momento, inmediatamente.

(Vase DON JUAN *y entre el* REY.*)*

DON PEDRO

Ejecutando, señor,
lo que mandó vuestra alteza,
el hombre...

REY

¿Murió?

DON PEDRO

Escapóse
de las cuchillas soberbias.

REY

¿De qué forma?

DON PEDRO

Desta forma:
Aún no lo mandaste apenas,
cuando, sin dar más disculpa,
la espada en la mano aprieta,
revuelve la capa al brazo,
y con gallarda presteza,
ofendiendo a los soldados
y buscando su defensa,
viendo vecina la muerte,
por el balcón de la huerta[11]
se arroja desesperado.
Siguióle con diligencia
tu gente; cuando salieron

---

[11] *huerta,* jardín, donde podían plantarse algunos árboles frutales. En su *Agricultura de jardines,* aparecida en 1592, dedicada a Felipe II, de Gregorio de los Ríos, se especificaba: «En el jardín no planten árboles de fruta, porque ya no sería jardín, sino huerto o granja, y los jardines no quieren sino árboles de flores que tengan olor y vista; y aun de los de fruta, se pueden plantar naranjos, granados, manzanos enanos y membrillos, porque los demás es cosa grosera...»

por esa vecina puerta,
le hallaron agonizando
como enroscada culebra.
Levantóse, y al decir
los soldados: «¡Muera, muera!»,
bañado de sangre el rostro,
con tan heroica presteza
se fue, que quedé confuso.
La mujer, que es Isabela,
—que para admirarte nombro—
retirada en esa pieza,
dice que es el duque Octavio
que, con engaño y cautela,
la gozó.

Rey

¿Qué dices?

Don Pedro

Digo
lo que ella propia confiesa.

Rey

(Aparte.) ¡Ah, pobre honor! Si eres alma
del [hombre,] ¿por qué te dejan
en la mujer inconstante,
si es la misma ligereza?
¡Hola!

(Sale un Criado.*)*

Criado

¡Gran señor!

Rey

Traed
delante de mi presencia
esa mujer.

DON PEDRO

Ya la guardia
viene, gran señor, con ella.

(Trae la guarda a ISABELA.*)*

ISABELA

(Aparte.) ¿Con qué ojos veré al rey?

REY

Idos, y guardad la puerta
de esa cuadra [12]. —Di, mujer:
¿qué rigor, qué airada estrella
te incitó, que en mi palacio,
con hermosura y soberbia,
profanases sus umbrales?

ISABELA

Señor...

REY

Calla, que la lengua
no podrá dorar el yerro
que has cometido en mi ofensa.
¿Aquél era el duque Octavio?

ISABELA

Señor...

REY

¡Qué no importan fuerzas [13],
guarda, criados, murallas,
fortalecidas almenas
para amor, que la de un niño

---

12 *cuadra,* habitación.

13 *fuerzas,* fortalezas. La fuerza de un niño, en su sentido de *poderío.* El de Cupido o Amor, dios-niño, hijo de Venus. En análoga expresión sobre la fuerza del amor, en *La Santa Juana* se lee que «cuando quiere una mujer / no hay llaves, puertas ni muros».

hasta los muros penetra!
Don Pedro Tenorio: al punto
a esa mujer llevad presa
a una torre, y con secreto
haced que al duque le prendan,
que quiero hacer que le cumpla
la palabra o la promesa.

Isabela

Gran señor, volvedme el rostro[14].

Rey

Ofensa a mi espalda hecha
es justicia y es razón
castigalla a espaldas vueltas.

(Vase el Rey.*)*

Don Pedro

Vamos, duquesa.

Isabela

Mi culpa
no hay disculpa que la venza;
mas no será el yerro tanto
si el duque Octavio lo enmienda.

(*Vanse y salen el* Duque Octavio y Ripio, *su criado.*)

Ripio

¿Tan de mañana, señor,
te levantas?

Duque Octavio

No hay sosiego
que pueda apagar el fuego
que enciende en mi alma amor.

---

14 *volvedme el rostro,* miradme.

Porque, como al fin es niño,
no apetece cama blanda,
entre regalada holanda,
cubierta de blanco armiño.
Acuéstate, no sosiega,
siempre quiere madrugar
por levantarse a jugar,
que, al fin, como niño, juega.
Pensamientos de Isabela
me tienen, amigo, en calma[15],
que como vive en el alma
anda el cuerpo siempre en pena,
guardando ausente y presente
el castillo del honor.

RIPIO

Perdóname, que tu amor
es amor impertinente.

DUQUE OCTAVIO

¿Qué dices, necio?

RIPIO

Esto digo:
impertinencia es amar
como amas, ¿quiés escuchar?

DUQUE OCTAVIO

Prosigue ya.

---

[15] *calma,* en un curioso proceso de evolución semántica, vino a significar (desde su lejano sentido de *cauma,* fuego, ardor) tanto la ausencia de viento en la navegación, como desesperación o pena furiosa, bien por influjo de las «trágicas calmas marineras», como indica Américo Castro, bien por supervivencia, en plano metafórico, del original significado. Acepto, pues, el sentido de calma con el sentido de inquietud o ansia que precede la llegada de algo, y no como sinónimo de quietud.

RIPIO

Ya prosigo.
¿Quiérete Isabela a ti?

DUQUE OCTAVIO

¿Eso, necio, has de dudar?

RIPIO

No; mas quiero preguntar[16]:
¿y tú, no la quieres?

DUQUE OCTAVIO

Sí.

RIPIO

Pues ¿no seré majadero,
y de solar conocido[17],
si pierdo yo mi sentido
por quien me quiere y la quiero?
Si ella a ti no te quisiera,
fuera bien el porfialla,
regalalla y adoralla,
y aguardar que se rindiera;
mas si los dos os queréis
con una mesma igualdad,
dime: ¿hay más dificultad
de que luego os desposéis?

---

[16] En la *princeps:* «No más quiero preguntar.»

[17] *de solar conocido,* de casa y apellido de conocido origen. Es decir, un majadero indiscutible, acreditado, reconocido como tal. Si el *solar conocido* aplicado a una investigación de limpieza de sangre suponía un sello de hidalguía o de ser y descender de cristianos viejos (sin contaminación de sangre árabe o judía), aplicado a *majadero,* supondría una majadería integral, sin «contaminación» de elementos de discreción o inteligencia. *Majadero* es término frecuente en Tirso.

DUQUE OCTAVIO

Eso fuera, necio, a ser
de lacayo o lavandera
la boda.

RIPIO

Pues ¿es quienquiera
una lavandriz mujer,
lavando y fregatrizando,
defendiendo y ofendiendo,
los paños suyos tendiendo,
regalando y remedando?
Dando dije, porque al dar
no hay cosa que se le iguale,
y si no a Isabela dale,
a ver si sabe tomar.

(Sale un CRIADO.*)*

CRIADO

El embajador de España
en este punto se apea
en el zaguán, y desea,
con ira y fiereza extraña,
hablarte, y si no entendí
yo mal, entiendo es prisión.

DUQUE OCTAVIO

¡Prisión! Pues ¿por qué ocasión?
Decid que entre.

(Entra DON PEDRO TENORIO, *con guardas.)*

DON PEDRO

Quien así
con tanto descuido duerme,
limpia tiene la conciencia.

DUQUE OCTAVIO
Cuando viene vuexcelencia
a honrarme y favorecerme
no es justo que duerma yo;
velaré toda mi vida.
¿A qué y por qué es la venida?

DON PEDRO
Porque aquí el rey me envió.

DUQUE OCTAVIO
Si el rey, mi señor, se acuerda
de mí en aquesta ocasión,
será justicia y razón
que por él la vida pierda.
Decidme, señor, ¿qué dicha
o qué estrella me ha guiado,
que de mí el rey se ha acordado?

DON PEDRO
Fue, duque, vuestra desdicha.
Embajador del rey soy;
dél os traigo una embajada.

DUQUE OCTAVIO
Marqués, no me inquieta nada:
decid, que aguardando estoy.

DON PEDRO
A prenderos me ha enviado
el rey; no os alborotéis.

DUQUE OCTAVIO
¡Vos por el rey me prendéis!
Pues ¿en qué he sido culpado?

DON PEDRO
Mejor lo sabéis que yo
mas, por si acaso me engaño,

escuchad el desengaño,
y a lo que el rey me envió
Cuando los negros gigantes,
plegando funestos toldos,
ya del crepúsculo huyen,
tropezando unos con otros,
estando yo con su alteza
tratando ciertos negocios
—porque antípodas del sol
son siempre los poderosos—,
voces de mujer oímos
cuyos ecos, menos roncos
por los artesones sacros,
nos repitieron «¡socorro!».
A las voces y al ruido
acudió, duque, el rey propio,
halló a Isabela en los brazos
de algún hombre poderoso;
mas quien al cielo se atreve,
sin duda es gigante o monstruo.
Mandó el rey que los prendiera;
quedé con el hombre solo;
llegué y quise desarmalle;
pero pienso que el Demonio
en él tomó forma humana,
pues que, vuelto en humo y polvo,
se arrojó por los balcones,
entre los pies de esos olmos
que coronan, del palacio,
los chapiteles hermosos.
Hice prender la duquesa
y en la presencia de todos
dice que es el duque Octavio
el que con mano de esposo
la gozó.

DUQUE OCTAVIO
¿Qué dices?

Don Pedro

Digo
lo que al mundo es ya notorio
y que tan claro se sabe:
que Isabela por mil modos...

Duque Octavio

Dejadme, no me digáis
tan gran traición de Isabela.
Mas si fue su [amor] cautela,
proseguid, ¿por qué calláis?
Mas si veneno me dais,
que a un firme corazón toca,
y así a decir me provoca,
que imita a la comadreja,
que concibe por la oreja
para parir por la boca[18].
¿Será verdad que Isabela,
alma, se olvidó de mí
para darme muerte? Sí,
que el bien suena y el mal vuela[19].
Ya el pecho nada recela
juzgando si son antojos;

---

[18] Antigua creencia, a la que alude Covarrubias (*Tesoro de la lengua castellana,* Madrid, 1611): «Fabulosamente cuentan de ella concebir por la boca y parir por la oreja, y algunos también se han engañado, pensando que los pare por la boca.» A dicha creencia, en su parte segunda: concebir por la oreja, parir por la boca, aluden los versos de Tirso, mediante un empleo metafórico de tipo usual: concebir o escuchar y parir o declarar lo escuchado. Este empleo metafórico viene ya determinado por el origen clásico de la fábula, divulgada a través de las *Metamorfosis* (lib. IX) de Ovidio: Galantis es convertida por Juno en comadreja y condenada a parir por la boca, en castigo a haber propagado la falsa noticia del parto de Alemana, amada de Júpiter.

[19] El refrán lo recoge Correas y el *Dic. Aut.* comenta que «es refrán que da a entender que el bien que uno hace, por último, no se deja de saber, aunque tarde; pero lo malo y acción perversa, luego se sabe y publica...».

que, por darme más enojos,
al entendimiento entró
y por la oreja escuchó
lo que acreditan los ojos.
Señor marqués, ¿es posible
que Isabela me ha engañado,
y que mi amor ha burlado?
¡Parece cosa imposible!
¡Oh mujer! ¡Ley tan terrible
de honor, a quien me provoco
a emprender! Mas ya no toco
en tu honor esta cautela.
¿Anoche con Isabela
hombre en palacio?... Estoy loco.

DON PEDRO

Como es verdad que en los vientos
hay aves, en el mar peces,
que participan a veces
de todos cuatro elementos;
como en la gloria hay contentos,
lealtad en el buen amigo,
traición en el enemigo,
en la noche escuridad
y en el día claridad,
así es verdad lo que digo.

DUQUE OCTAVIO

Marqués, yo os quiero creer.
Ya no hay cosa que me espante,
que la mujer más constante
es, en efeto, mujer.
No me queda más que ver,
pues es patente mi agravio.

DON PEDRO

Pues que sois prudente y sabio,
elegid el mejor medio.

DUQUE OCTAVIO

Ausentarme es mi remedio.

Don Pedro

Pues sea presto, duque Octavio.

Duque Octavio

Embarcarme quiero a España,
y darle a mis males fin.

Don Pedro

Por la puerta del jardín,
duque, esta prisión se engaña.

Duque Octavio

¡Ah, veleta! ¡Débil caña!
A más furor me provoco,
y extrañas provincias toco
huyendo desta cautela.
¡Patria, adios! ¿Con Isabela
hombre en palacio? ¡Estoy loco!

(Vanse y sale Tisbea, *pescadora, con una caña de pescar en la mano.)*

Tisbea

Yo, de cuantas el mar,
pies de jazmín y rosa,
en sus riberas besa
con fugitivas olas,
sola de amor esenta,
como en ventura sola,
tirana me reservo
de sus prisiones locas,
aquí donde el sol pisa
soñolientas las ondas,
alegando zafiros
las que espantaba sombras[20].
Por la menuda arena
(unas veces aljófar

[20] Acción de amanecer. El sol alegra los zafiros, o brillo azulado de las ondas, aún soñolientas, y espanta las sombras de la noche.

y átomos otras veces
del sol que así la adora),
oyendo de las aves
las quejas amorosas,
y los combates dulces
del agua entre las rocas;
ya con la sutil caña
que al débil peso dobla
del necio pececillo
que el mar salado azota;
o ya con la atarraya[21]
que en sus moradas hondas
prenden cuantos habitan
aposentos de conchas,
segura me entretengo,
que en libertad se goza
el alma que amor áspid
no le ofende ponzoña[22].
En pequeñuelo esquife,
y en compañía de otras,
tal vez al mar le peino
la cabeza espumosa;
y cuando más perdidas
querellas de amor forman,
como de todos río,
envidia soy de todas.
Dichosa yo mil veces,
amor, pues me perdonas,

---

[21] *atarraya.* «Red redonda guarnecida circularmente a trechos de plomos...» (*Dic. Aut.*). Recoge, por arrastre, el pescado sobre el que cae, tras llevarle al fondo con el peso de los plomos. Especialmente utilizado para la pesca de moluscos, tal como se alude en el texto.

[22] *amor áspid,* sustantivo con valor de adjetivo. Fórmula característica de Tirso y, en general, de ciertos escritores barrocos. Recuérdese el *clérigo cerbatana* quevedesco (*El Buscón,* cap. III). Tisbea se ve libre de los peligros del amor, que, como áspid, inocula su veneno o ponzoña.

si ya, por ser humilde,
no desprecias mi choza.
Obeliscos de paja
mi edificio coronan,
nidos; si no, hay cigarras,
o tortolillas locas.
Mi honor conservo en pajas,
como fruta sabrosa,
vidrio guardado en ellas
para que no se rompa.
De cuantos pescadores
con fuego Tarragona[23]
de piratas defiende
en la argentada costa,
desprecio soy [y] encanto[24];
a sus suspiros, sorda;
a sus ruegos, terrible;
a sus promesas, roca.
Anfriso, a quien el cielo
con mano poderosa,
prodigio en cuerpo y alma,
dotó de gracias todas,
medido en las palabras,
liberal en las obras,
sufrido en los desdenes,
modesto en las congojas,
mis pajizos umbrales,
que heladas noches ronda,
a pesar de los tiempos,
las mañanas remoza;
pues [ya] con ramos verdes
que de los olmos corta
mis pajas amanecen

---

[23] Alusión a las señales (por medio de fogatas) utilizadas para indicar la llegada de barcos piratas. Tarragona, con sus hogueras, defiende a los pescadores que habitan sus costas.

[24] *desprecio soy encantro* en la *princeps*, que Vázquez lee como equivalente de «soy desprecio encanto».

ceñidas de lisonjas[25].
Ya con vigüelas dulces
y sutiles zampoñas
músicas me consagra;
y todo no me importa,
porque en tirano imperio
vivo, de amor señora;
que hallo gusto en sus penas
y en sus infiernos gloria.
Todas por él se mueren,
y yo, todas las horas,
le mato con desdenes:
de amor condición propia,
querer donde aborrecen,
despreciar donde adoran;
que si le alegran, muere,
y vive si le oprobian,
en tan alegre día
segura de lisonjas,
mis juveniles años
amor no los malogra;
que en edad tan florida,
amor, no es suerte poca
no ver entre estas redes
las tuyas amorosas.
Pero, necio discurso
que mi ejercicio estorbas,
en él no me diviertas
en cosa que no importa.
Quiero entregar la caña
al viento, y a la boca

[25] Las pajas de su choza se *remozan* o rejuvenecen con los verdes ramos con que las cubre Anfriso. Juventud fingida y engañosa, como la que falsamente otorga la adulación y la lisonja. Alude el texto a la costumbre popular, de origen latino, de adornar con ramos el galán la puerta de su enamorada, tal como se documenta en textos clásicos y medievales y tal como aún se conserva en algunas regiones en determinadas festividades.

del pececillo el cebo.
Pero al agua se arrojan[26]
dos hombres de una nave,
antes que el mar la sorba
que sobre el agua viene
y en un escollo aborda;
como hermoso pavón,
hace las velas cola,
adonde los pilotos
todos los ojos pongan[27].
Las olas va escarbando;
y ya su orgullo y pompa
casi la desvanece.
Agua un costado toma...
Hundióse y dejó al viento
la gavia, que la escoja
para morada suya,
que un loco en gavias mora[28].
(Dentro.) ¡Que me ahogo!
Un hombre al otro aguarda
que dice que se ahoga.

---

[26] Tisbea cambia con este verso el tono de su discurso, que pasa a señalar algo externo a su monólogo: el naufragio de don Juan y Catalinón.

[27] Metafórica alusión al mito de Argos, que refiere Ovidio en sus *Metamorfosis* (lib. I): el Arestórida Argos tenía cien ojos, «de entre ellos, dos por turno se entregaban al sueño mientras los demás vigilaban y permanecían en su puesto» (trad. de Ruiz Elvira, vol. I, Barcelona, 1954, pág. 3). A causa de su extraña particularidad, Argos fue encargado, por mandato de Juno, de vigilar a la desventurada Io, convertida en vaca, para impedir que Júpiter cumpliese en ella sus deseos amorosos, encargo que le costó la vida. Los cien ojos de Argos muerto los colocó Juno sobre la cola del pavón o pavo real, animal consagrado a dicha deidad. De la fábula ovidiana surge la comparación tirsista: el navío convierte sus velas en la cola del pavón, pues los ojos de los marineros se ponen —dirigir, depositar—, angustiadamente, en ellas.

[28] *gavia,* cofa del navío y jaula para encerrar locos. Juego de palabras, en que se le adjudica al viento la cualidad de loco.

¡Gallarda cortesía!
En los hombros le toma.
Anquises le hace Eneas,
si el mar está hecho Troya[29].
Ya, nadando, las aguas
con valentía corta,
y en la playa no veo
quien le ampare y socorra.
Daré voces: ¡Tirseo,
Anfriso, Alfredo, hola!
Pescadores me miran,
¡plega a Dios que me oigan!
Mas milagrosamente
ya tierra los dos toman:
sin aliento el que nada,
con vida el que le estorba.

(Saca en brazos CATALINÓN a DON JUAN, *mojados.)*

CATALINÓN

¡Válgame la cananea[30],
y qué salado está el mar!
Aquí puede bien nadar
el que salvarse desea,
que allá dentro es desatino,
donde la muerte se fragua;
donde Dios juntó tanta agua,
no juntara tanto vino.
Agua salada; ¡estremada
cosa para quien no pesca!

---

[29] Según relata Virgilio en la *Eneida* (Canto II), Eneas, príncipe troyano, huyó de la incendiada y saqueada Troya, lugar de muerte y desolación («el mar está hecho Troya») llevando sobre sus hombros a su anciano padre Anquises.

[30] «No se trata de la mujer cananea del Evangelio, sino de un juramento ridículo del gracioso.» «*Cananea* es deformación de *hacanea...*» (Ed. Américo Castro, pág. 187). López Pinciano, entre los juegos del vocablo, ejemplarizaba: «...y por decir acanea, dixesse cananea.» *Philosophia antigua poética,* epístola nona.

Si es mala aun el agua fresca,
¿qué será el agua salada?
¡Oh, quién hallara una fragua
de vino, aunque algo encendido!
Si del agua que he bebido
escapo yo, no más agua.
Desde hoy abernuncio della,
que la devoción me quita
tanto, que aun agua bendita
no pienso ver, por no vella.
¡Ah, señor! Helado y frío
está. ¿Si estará ya muerto?
Del mar fue este desconcierto,
y mío este desvarío.
¡Mal haya aquel que primero
pinos en la mar sembró[31],
y que sus rumbos midió
con quebradizo madero!
¡Maldito sea el vil sastre
que cosió el mar que dibuja
con astronómica aguja[32],
causa de tanto desastre!
¡Maldito sea Jasón,
y Tifis maldito sea![33]

---

[31] Nueva alusión de origen clásico. *Sembrar pinos en el mar* como sinónimo de «fletar barcos», constituyó un lugar común, pero que, como observa Américo Castro, tiene su origen en dos Odas de Horacio: *Al navío de Virgilio* y *A la República.*

[32] La maldición de Catalinón se dirige contra el invento de las cartas marinas. *Aguja* es aquí, *aguja de marear:* «el hierrecico o saetilla y demostrador tocado en la piedra imán, que siempre vuelve al norte, poniéndose en una caja redonda, en cuyo círculo están señalados los vientos» (Covarrubias, *Tesoro...*). Pero de esta *aguja* —astronómica, porque la rigen los astros—, se pasa, conceptualmente, a la aguja de coser y de ahí a la *carta* cosida y dibujada por sastre-inventor.

[33] Alusión a la mítica empresa marítima de los Argonautas que, acaudillados por Jasón, fueron en busca del vellocino de oro. Tifis fue el piloto de la nave Argos, que condujo a los héroes.

Muerto está, no hay quien lo crea;
¡mísero Catalinón!
¿Qué he de hacer?

TISBEA

Hombre, ¿qué tienes
en desventuras iguales?

CATALINÓN

Pescadora, muchos males,
y falta de muchos bienes.
Veo, por librarme a mí,
sin vida a mi señor. Mira
si es verdad.

TISBEA

No, que aún respira.

CATALINÓN

¿Por dónde? ¿Por aquí?

TISBEA

Sí;
pues ¿por dónde?

CATALINÓN

Bien podía
respirar por otra parte.

TISBEA

Necio estás.

CATALINÓN

Quiero besarte
las manos de nieve fría.

TISBEA

Ve a llamar los pescadores
que en aquella choza están.

CATALINÓN

Y si los llamo, ¿vernán?

TISBEA

Vendrán presto. No lo ignores.
¿Quién es este caballero?

CATALINÓN

Es hijo aqueste señor
del camarero mayor
del rey, por quien ser espero
antes de seis días conde
en Sevilla, donde va,
y donde su alteza está,
si a mi amistad corresponde.

TISBEA

¿Cómo se llama?

CATALINÓN

Don Juan
Tenorio.

TISBEA

Llama mi gente.

CATALINÓN

Ya voy.

(*Coge en el regazo* TISBEA a DON JUAN.)

TISBEA

Mancebo excelente,
gallardo, noble y galán.
Volved en vos, caballero.

DON JUAN

¿Dónde estoy?

TISBEA

Ya podéis ver:
en brazos de una mujer.

DON JUAN

Vivo en vos, si en el mar muero.
Ya perdí todo el recelo,
que me pudiera anegar,
pues del infierno del mar
salgo a vuestro claro cielo.
Un espantoso huracán
dio con mi nave al través,
para arrojarme a esos pies
que abrigo y puerto me dan.
Y en vuestro divino oriente
renazco, y no hay que espantar,
pues veis que hay de amar a mar
una letra solamente.

TISBEA

Muy grande aliento tenéis
para venir sin aliento,
y tras de tanto tormento
muy gran contento ofrecéis.
Pero si es tormento el mar
y son sus ondas crueles,
la fuerza de los cordeles[34],
pienso que os hace hablar.
Sin duda que habéis bebido
del mar la oración pasada,
pues, por ser de agua salada,
con tan grande sal ha sido.
Mucho habláis cuando no habláis,
y cuando muerto venís
mucho al parecer sentís;
¡plega a Dios que no mintáis!

---

[34] Alusión a los cordeles del potro del tormento. «El tormento del mar os hace hablar, lo mismo que los cordeles del potro.»

Parecéis caballo griego
que el mar a mis pies desagua,
pues venís formado de agua,
y estáis preñado de fuego[35].
Y si mojado abrasáis,
estando enjuto, ¿qué haréis?
Mucho fuego prometéis;
¡plega a Dios que no mintáis!

Don Juan

A Dios, zagala, plugiera
que en el agua me anegara
para que cuerdo acabara
y loco en vos no muriera;
que el mar pudiera anegarme
entre sus olas de plata
que sus límites desata;
mas no pudiera abrasarme.
Gran parte del sol mostráis
pues que el sol os da licencia,
pues sólo con la apariencia,
siendo de nieve abrasáis.

Tisbea

Por más helado que estáis
tanto fuego en vos tenéis,
que en este mío os ardéis.
¡Plega a Dios que no mintáis!

(*Salen* Catalinón, Coridón *y* Anfriso, *pescadores.)*

Catalinón

Ya vienen todos aquí.

---

[35] Metafórica alusión al caballo de Troya, construido sobre la playa, junto a los muros de la ciudad, que llevaba en su interior a los griegos armados. Su inocente apariencia y su traición interior, fueron causa de la destrucción de Troya, arrasada a sangre y fuego.

TISBEA

Y ya está tu dueño vivo.

DON JUAN

Con tu presencia recibo
el aliento que perdí.

CORIDÓN

¿Qué nos mandas?

TISBEA

Coridón
Anfriso, amigos...

CORIDÓN

Todos
buscamos por varios modos
esta dichosa ocasión.
Di que nos mandas, Tisbea,
que por labios de clavel
no lo habrás mandado a aquél
que idolatrarte desea,
apenas, cuando el momento,
sin cesar, en llano o sierra,
surque el mar, tale la tierra,
pise el fuego, y pare el viento.

TISBEA

(Aparte.) ¡Oh, qué mal me parecían
estas lisonjas ayer,
y hoy echo en ellas de ver
que sus labios no mentían!
Estando, amigos, pescando
sobre este peñasco, vi
hundirse una nave allí,
y entre las olas nadando
dos hombres; y compasiva,
di voces, y nadie oyó;
y en tanta aflición, llegó
libre de la furia esquiva

del mar, sin vida a la arena,
déste en los hombros cargado,
un hidalgo y [a] anegado,
y envuelta en tan triste pena
a llamaros envié.

ANFRISO

Pues aquí todos estamos,
manda que tu gusto hagamos,
lo que pensado no fue.

TISBEA

Que a mi choza los llevemos
quiero, donde, agradecidos,
reparemos sus vestidos,
y allí los regalaremos[36];
que mi padre gusta mucho
desta debida piedad.

CATALINÓN

¡Estremada es su beldad!

DON JUAN

Escucha aparte.

CATALINÓN

Ya escucho.

DON JUAN

Si te pregunta quién soy,
di que no sabes.

CATALINÓN

¡A mí...
quieres advertirme a mí
lo que he de hacer!

---

[36] *regalaremos,* agasajaremos. «Tratar con mucho regalo», análogo a «tratar con exquisito cuidado, atenciones y comodidades».

DON JUAN

Muerto voy
por la hermosa pescadora.
Esta noche he de gozalla.

CATALINÓN

¿De qué suerte?

DON JUAN

Ven y calla.

CORIDÓN

Anfriso: dentro de una hora
los pescadores prevén
que canten y bailen.

ANFRISO

Vamos
y esta noche nos hagamos
rajas y palos también [37].

DON JUAN

Muerto soy.

TISBEA

¿Cómo, si andáis?

DON JUAN

Ando en pena, como veis.

TISBEA

Mucho habláis.

---

[37] *Hacerse rajas,* despedazarse. Se emplea para indicar las consecuencias de un ejercicio violento y continuado, como el baile —contexto— o una pendencia. Esta segunda posibilidad aparece, por ejemplo, en Cervantes: *Aquí fue Troya, aquí se hacen rajas; / los de las cachas amarillas salen* (Entremeses, *El rufián viudo)*, y podría explicar la alusión a los *palos* del contexto, como primera expresión de los celos de Anfriso.

Don Juan

Mucho entendéis.

Tisbea

¡Plega a Dios que no mintáis!

(Vanse. Salen Don Gonzalo de Ulloa *y el* Rey Don Alfonso de Castilla.*)*

Rey

¿Cómo os ha sucedido en la embajada,
comendador mayor?

Don Gonzalo

Hallé en Lisboa
al rey don Juan, tu primo, previniendo
treinta naves de armada[38].

Rey

¿Y para dónde?

Don Gonzalo

Para Goa me dijo; mas yo entiendo
que a otra empresa más fácil apercibe.
A Ceuta o Tánger pienso que pretende cercar este
verano.

Rey

Dios le ayude,
y premie el celo de aumentar su gloria.
¿Qué es lo que concertasteis?

[38] Américo Castro ha señalado cuidadosamente en su edición las inexactitudes y evidentes anacronismos de estas alusiones históricas: hacer contemporáneos a Alfonso XI (1350) y Juan I (1433); la alusión a Goa (conquistada a principios del XVI) y lo acomodaticio e inventado de los acuerdos citados. Es, por el contrario, cierta, la conquista de Ceuta por Juan I, en 1415, y lo secreto de los preparativos. Entra ello dentro de las trasposiciones temporales de que gustaba Tirso, como señalé en la *Introducción*.

DON GONZALO

Señor, pide
a Serpa y Mora, y Olivencia y Toro;
y por eso te vuelve a Villaverde,
al Almendral, a Mértola y Herrera
entre Castilla y Portugal.

REY

Al punto
se firmen los conciertos, don Gonzalo.
Mas decidme primero cómo ha sido
en el camino, que vendréis cansado
y alcanzado también.

DON GONZALO

Para serviros,
nunca, señor, me canso.

REY

¿Es buena tierra
Lisboa?

DON GONZALO

La mayor ciudad de España;
y si mandas que diga lo que he visto
de lo exterior y célebre, en un punto
en tu presencia te pondré un retrato.

REY

Yo gustaré de oíllo. Dadme silla.

DON GONZALO

Es Lisboa una otava maravilla.
De las entrañas de España,
que son las tierras de Cuenca,
nace el caudaloso Tajo,
que media España atraviesa.
Entra en el mar Océano,
en las sagradas riberas
de esta ciudad, por la parte

del sur; mas antes que pierda
su curso y su claro nombre,
hace un puerto entre dos sierras,
donde están de todo el orbe
barcas, naves, carabelas.
Hay galeras y saetías
tantas, que desde la tierra
parece una gran ciudad
adonde Neptuno reina.
A la parte del poniente
guardan del puerto dos fuerzas
de *Cascaes* y *San Gian*[39],
las más fuertes de la tierra.
Está, desta gran ciudad,
poco más de media legua,
Belén, convento del santo[40]
conocido por la piedra,
y por el león de guarda,
donde los reyes y reinas
católicos y cristianos
tienen sus casas perpetuas.
Luego esta máquina insigne,
desde Alcántara comienza[41]

---

[39] *San Gian* o San Julián. Fuerte situado en la desembocadura del Tajo. Este largo romance en elogio de Lisboa no sólo expresa, con su *realismo*, la constante lusofilia de Tirso, encendida en *Las Quinas de Portugal*, sino que opone la capital portuguesa a «la otra Lisboa», Sevilla, marcada por una babilónica actividad.

[40] *Belén*, «célebre convento de Jerónimos, construido por el Rey Manuel (1499), para conmemorar el descubrimiento de la India por Vasco de Gama. Alude Tirso a episodios de la vida de San Jerónimo. Cuenta el padre Sigüenza (*La vida de San Jerónimo*, pág. 646, de la edición de 1629), que una vez entró en el convento del santo un león con una espina clavada; los monjes huyeron, pero el santo arrancó la espina; el león, agradecido, se quedó en la casa, y prestó útiles servicios a los religiosos. Se dice que San Jerónimo solía herirse el pecho con un pedernal: de aquí la *piedra*». (Ed. Américo Castro, pág. 198).

[41] *Alcántara*, arroyo entre Belén y Lisboa.

una gran legua a tenderse
al convento de Jabregas[42].
En medio está el valle hermoso
coronado de tres cuestas,
que quedara corto Apeles
cuando [pintarlas] quisiera;
porque, miradas de lejos,
parecen piñas de perlas
que están pendientes del cielo,
en cuya grandeza inmensa
se ven diez Romas cifradas
en conventos y en iglesias,
en edificios y calles,
en solares y encomiendas,
en las letras y en las armas,
en la justicia tan recta,
y en una *Misericordia*[43]
que está honrando su ribera,
y pudiera honrar a España
y aun enseñar a tenerla.
Y en lo que yo más alabo
desta máquina soberbia,
es que del mismo castillo
en distancia de seis leguas,
se ven sesenta lugares
que llega al mar a sus puertas,
uno de los cuales es
el convento de Odivelas[44],
en el cual vi por mis ojos
seiscientas y treinta celdas,
y entre monjas y beatas
pasan de mil y doscientas.
Tiene desde allí Lisboa,
en distancia muy pequeña,
mil y ciento y treinta quintas,
que en nuestra provincia Bética

---

[42] *Jábregas.* Convento de franciscanos, de Xabregas.
[43] *Misericordia.* «Irmandade da Misericordia.» Célebre cofradía fundada en 1498. Su remplo se terminó en 1534.
[44] *Odivelas.* Iglesia y convento muy vinculado a la casa real portugesa.

llaman cortijos, y todas
con sus huertos y alamedas.
En medio de la ciudad
hay una plaza soberbia
que se llama del *Rucío*,
grande, hermosa y bien dispuesta,
que habrá cien años y aun más
que el mar bañaba su arena,
y ahora della a la mar
hay treinta mil casas hechas,
que, perdiendo el mar su curso,
se tendió a partes diversas.
Tiene una calle que llaman
rua Nova o calle Nueva,
donde se cifra el Oriente
en grandezas y riquezas[45];
tanto, que el rey me contó
que hay un mercader en ella
que, por no poder contarlo,
mide el dinero en fanegas.
El terreno, donde tiene
Portugal su casa regia,
tiene infinitos navíos,
varados siempre en la tierra[46],

[45] La expresión *se cifra el Oriente* era usual para designar un compendio de riquezas fabulosas. Pero Oriente eran, por antonomasia, las Indias Orientales. «Traigo todas las indias en mi mano», dice hiperbólicamente Quevedo, aludiendo a los dientes, labios y crueldad —perlas, rubíes, diamante— que se manifiestan en el *Retrato de Lisi que traía en una sortija.* Sin embargo, la expresión cobra, en el contexto, una realidad histórica, no metafórica: en la *rua Nova* tenían sus tiendas los mercaderes lusitanos y allí se compendiaban las riquezas procedentes de las Indias, feudo de la corona portuguesa en tiempo de Tirso.

[46] Transcribe Américo Castro: «La más hermosa de las plazas de la ciudad es la llamada *O terreiro do Paço,* plaza del palacio, porque el palacio real está situado en uno de sus lados... Es un lugar muy apacible, desde donde se ven los barcos anclados a lo largo del puerto» (Álvarez Comenar, *Annales d'Espagne,* Leiden, 1715).

de sólo cebada y trigo
de Francia e Inglaterra.
Pues el palacio real,
que el Tajo sus manos besa,
es edificio de Ulises,
que basta para grandeza,
de quien toma la ciudad
nombre en la latina lengua,
llamándose Ulisibona[47],
cuyas armas son la esfera,
por pedestal de las llagas
que en la batalla sangrienta
al rey don Alfonso Enríquez
dio la Majestad Inmensa[48].

---

[47] Es tradición erudita de la época el suponer a Lisboa fundación de Ulises. La supuesta etimología del nombre la registra incluso Covarrubias. Hércules y Ulises fueron los héroes que la tradición culta hizo traspasar las fronteras de lo que consideraron los antiguos confín del mundo occidental: el estrecho de Gibraltar. Dante (*Infierno,* XXVI, 103-142) hace pasar a Ulises por aquella *foce stretta* entre Sevilla y Ceuta, y navegando hacia Occidente, adentrarse por las desconocidas aguas durante casi once meses, hasta su trágico naufragio. Camoens, se hace eco de la creencia y da noticia de la edificación por parte del héroe de un templo a Palas, el «edificio de Ulises», o «palacio real» del contexto: *¿Vês outro, que do Tejo a terra pisa, / depois de ter tam longo mar arado, / onde muros perpétuos edifica, / e templo a Palas, que em memória fica? / Ulisses é o que faz a santa casa / á Deusa que lhe dá lingua facunda; / que se lá na Asia Troia insigne abrasa, / cá na Europa Lisboa ingente funda (Os Lusiadas,* canto VIII, 4-5). La fuente clásica es, naturalmente, confusa. Camoens —de quien partiría en gran parte la popularidad peninsular del fabuloso dato—, lo toma del *Vicentius* de Andrés de Rezende, quien afirma haberlo tomado de Estrabón (*Geografía,* III, 2). Estrabón, efectivamente, lleva a Ulises hasta las costas de Hispania, pero únicamente las bañadas por el mar Mediterráneo.

[48] Alusión a las *quinas* o armas de Portugal, entregadas por Cristo Niño al primer rey portugués, tras la batalla de Ourique. Tirso dedicó al episodio una de sus comedias históricas: *Las Quinas de Portugal.*

Tiene en su gran tarazana[49]
diversas naves y entre ellas,
las naves de la conquista,
tan grandes, que de la tierra
miradas, juzgan los hombres
que tocan en las estrellas.
Y lo que desta ciudad
te cuento por excelencia
es, que estando sus vecinos
comiendo, desde las mesas
ven los copos del pescado
que junto a sus puertas pescan,
que, bullendo entre las redes,
vienen a entrarse por ellas;
y sobre todo, el llegar
cada tarde a su ribera
más de mil barcos cargados
de mercancías diversas,
y de sustento ordinario:
pan, aceite, vino y leña,
frutas de infinita suerte,
nieve de Sierra de Estrella[50]
que por las calles a gritos,
puesta, sobre las cabezas,
las venden. Mas, ¿qué me canso?,
porque es contar las estrellas

---

[49] *tarazana,* arsenal.

[50] La nieve se vendía para enfriar el agua o el vino. Usualmente se recogía en el invierno y se guardaba en pozos. En *Marta la piadosa* —escrita en 1614— se documenta el comienzo de la costumbre, no de usarla, pero sí de venderla públicamente en Madrid. Todavía con valor exótico, en el *Viaje de Turquía* (fechado hacia 1557), se alude a la costumbre turca de guardar la nieve en cuevas para venderla luego públicamente. En nuestro siglo XVI es frecuente el tratamiento de este argumento, tal como ofrecen Nicolás Monarde en su *Libro que trata de la nieve...* o Francisco Franco en su *Tratado de la nieve y del uso de ella.* Tirso cita la sierra de Estrella como la más alta de Portugal y contenedora de nieve.

querer contar una parte
de la ciudad opulenta.
Ciento y treinta mil vecinos
tiene, gran señor, por cuenta,
y por no cansarte más,
un rey que tus manos besa.

REY

Más estimo, don Gonzalo,
escuchar de vuestra lengua
esa relación sucinta,
que haber visto su grandeza.
¿Tenéis hijos?

DON GONZALO

Gran señor,
una hija hermosa y bella,
en cuyo rostro divino
se esmeró naturaleza.

REY

Pues yo os la quiero casar
de mi mano.

DON GONZALO

Como sea
tu gusto, digo, señor,
que yo lo acepto por ella.
Pero ¿quién es el esposo?

REY

Aunque no está en esta tierra,
es de Sevilla, y se llama
don Juan Tenorio.

DON GONZALO

Las nuevas
voy a llevar a doña Ana.

....

REY

Id en buen hora, y volved,
Gonzalo, con la respuesta.

(Vanse y sale Don Juan Tenorio *y* Catalinón.*)*

Don Juan

Esas dos yeguas prevén,
pues acomodadas son.

Catalinón

Aunque soy Catalinón,
soy, señor, hombre de bien;
que no se dijo por mí:
«Catalinón es el hombre»;
que sabes que aquese nombre
me asienta al revés a mí[51].

Don Juan

Mientras que los pescadores
van de regocijo y fiesta,
tú las dos yeguas apresta,
que de sus pies voladores
sólo nuestro engaño fío.

Catalinón

Al fin, ¿pretendes gozar
a Tisbea?

Don Juan

Si burlar
es hábito antiguo mío,
¿qué me preguntas, sabiendo
mi condición?

Catalinón

Ya sé que eres
castigo de las mujeres.

---

[51] *Catalinón,* «de Catalina»: *Maicón,* de Marica. En andaluz vulgar, *catalina,* es el excremento que se halla en la calle; *catalinón* sería como cagón, cobarde (Ed. Américo Castro, pág. 205).

DON JUAN

Por Tisbea estoy muriendo,
que es buena moza.

CATALINÓN

¡Buen pago
a su hospedaje deseas!

DON JUAN

Necio, lo mismo hizo Eneas
con la reina de Cartago[52].

CATALINÓN

Los que fingís y engañáis
las mujeres de esa suerte
lo pagaréis con la muerte.

DON JUAN

¡Qué largo me lo fiáis!
Catalinón con razón
te llaman.

CATALINÓN

Tus pareceres
sigue, que en burlar mujeres
quiero ser Catalinón.
Ya viene la desdichada.

DON JUAN

Vete, y las yeguas prevén.

---

[52] Dido, abandonada por Eneas, según refiere Virgilio (*Eneida,* canto IV). Fuera de la cita presente, el episodio de Tisbea guarda cierta lejana similitud con la famosa historia de Dido y Eneas. Como el héroe troyano, don Juan llega por el mar, desvalido y maltratado y paga a Tisbea su acogida, protección y amor con el abandono. Y la famosa lamentación de Elisa o Dido, preludio de su suicidio, tiene un parangón con la de Tisbea, que termina arrojándose al mar, si bien las necesidades argumentales de la obra obligan a Tirso a «resucitarla» en el tercer acto. Se supone su rescate de las aguas por parte de Anfriso y sus compañeros.

Catalinón

¡Pobre mujer! Harto bien
te pagamos la posada.

(Vase Catalinón *y sale* Tisbea.*)*

Tisbea

El rato que sin ti estoy
estoy ajena de mí.

Don Juan

Por lo que finges ansí
ningún crédito te doy.

Tisbea

¿Por qué?

Don Juan

Porque, si me amaras,
mi alma favorecieras.

Tisbea

Tuya soy.

Don Juan

Pues di, ¿qué esperas,
o en qué, señora, reparas?

Tisbea

Reparo en que fue castigo
de amor el que he hallado en ti.

Don Juan

Si vivo, mi bien, en ti
a cualquier cosa me obligo.
Aunque yo sepa perder
en tu servicio la vida,
la diera por bien perdida,
y te prometo de ser
tu esposo.

Tisbea

Soy desigual
a tu ser.

DON JUAN

Amor es rey
que iguala con justa ley
la seda con el sayal.

TISBEA

Casi te quiero creer;
mas sois los hombres traidores.

DON JUAN

¿Posible es, mi bien, que ignores
mi amoroso proceder?
Hoy prendes con tus cabellos
mi alma.

TISBEA

Yo a ti me allano
bajo la palabra y mano
de esposo.

DON JUAN

Juro, ojos bellos,
que mirando me matáis,
de ser vuestro esposo.

TISBEA

Advierte,
mi bien, que hay Dios y que hay muerte.

DON JUAN

¡Qué largo me los fiáis!
Y mientras Dios me dé vida,
yo vuestro esclavo seré.
Ésta es mi mano y mi fe.

TISBEA

No seré en pagarte esquiva.

DON JUAN

Ya en mí mismo no sosiego.

TISBEA

Ven, y será la cabaña
del amor que me acompaña
tálamo de nuestro fuego.

Entre estas cañas te esconde
hasta que tenga lugar.

DON JUAN
¿Por dónde tengo de entrar?

TISBEA
Ven y te diré por dónde.

DON JUAN
Gloria al alma, mi bien, dais.

TISBEA
Esa voluntad te obligue,
y si no, Dios te castigue.

DON JUAN
¡Qué largo me lo fiáis!

(Vanse y salen CORIDÓN, ANFRISO, BELISA *y* MÚSICOS.*)*

CORIDÓN
Ea, llamad a Tisbea
y los zagales llamad
para que en la soledad
el huésped la corte vea.

ANFRISO
¡Tisbea, Usindra, Atandria!
No vi cosa más cruel.
¡Triste y mísero de aquel
que [en] su fuego es salamandria![53]
Antes que el baile empecemos
a Tisbea prevengamos.

---

[53] *salamandria* o salamandra, a quien los antiguos atribuyeron la virtud de poder vivir entre las llamas. El amante es aquí salamandra que vive entre el fuego de su propio amor. Al Vesubio, en fuego, dedicó Quevedo el soneto *Salamandra frondosa...*

BELISA

Vamos a llamarla.

CORIDÓN

Vamos.

BELISA

A su cabaña lleguemos.

CORIDÓN

¿No ves que estará ocupada
con los huéspedes dichosos,
de quien hay mil envidiosos?

ANFRISO

Siempre es Tisbea envidiada.

BELISA

Cantad algo mientras viene,
porque queremos bailar.

ANFRISO

¿Cómo podrá descansar
cuidado quien celos tiene?

(Cantan.) A pescar salió la niña
tendiendo redes;
y, en lugar de peces,
las almas prende.

(Sale TISBEA.)

TISBEA

¡Fuego, fuego, que me quemo,
que mi cabaña se abrasa!
Repicad a fuego, amigos,
que ya dan mis ojos agua.
Mi pobre edificio queda
hecho otra Troya en las llamas,

que después que faltan Troyas
quiere amor quemar cabañas.
Mas si amor abrasa peñas
con gran ira y fuerza estraña,
mal podrán de su rigor
reservarse humildes pajas.
¡Fuego, zagales, fuego, agua, agua!
¡Amor, clemencia, que se abrasa el alma!
¡Ay, choza, vil instrumento
de mi deshonra y mi infamia!
¡Cueva de ladrones fiera,
que mis agravios ampara!
Rayos de ardientes estrellas
en tus cabelleras caigan,
porque abrasadas estén,
si del viento mal peinadas.
¡Ah, falso huésped, que dejas
una mujer deshonrada!
Nube que del mar salió
para anegar mis entrañas.
¡Fuego, fuego, zagales, agua, agua!
¡Amor, clemencia, que se abrasa el alma!
Yo soy la que hacía siempre
de los hombres burla tanta;
que siempre las que hacen burla,
vienen a quedar burladas.
Engañóme el caballero
debajo de fe y palabra
de marido, y profanó
mi honestidad y mi cama.
Gozóme al fin, y yo propia
le di a su rigor las alas
en dos yeguas que crié,
con que me burló y se escapa.
Seguilde todos, seguilde.
Mas no importa que se vaya,
que en la presencia del rey
tengo de pedir venganza.
¡Fuego, fuego, zagales, agua, agua!

¡Amor, clemencia, que se abrasa el alma!

(Vase TISBEA.*)*

CORIDÓN

Seguid al vil caballero.

ANFRISO

¡Triste del que pena y calla!
Mas ¡vive el cielo! que en él,
me he de vengar desta ingrata.
Vamos tras ella nosotros,
porque va desesperada,
y podrá ser que ella vaya
buscando mayor desgracia.

CORIDÓN

Tal fin la soberbia tiene.
¡Su locura y confianza
paró en esto!

(*Dice* TISBEA *dentro:*
«¡Fuego, fuego!»*)*

ANFRISO

Al mar se arroja.

CORIDÓN

Tisbea, detente y para.

TISBEA

¡Fuego, fuego, zagales, agua, agua!
¡Amor, clemencia, que se abrasa el alma!

JORNADA SEGUNDA

(Salen el REY DON ALFONSO
y DON DIEGO TENORIO, *de barba.)*

REY

¿Qué me dices?

DON DIEGO

Señor, la verdad digo.
Por esta carta estoy del caso cierto,
que es de tu embajador y de mi hermano:
halláronle en la cuadra del rey mismo
con una hermosa dama de palacio.

REY

¿Qué calidad?

DON DIEGO

Señor [es] la duquesa
Isabela.

REY

¿Isabela?

DON DIEGO

Por lo menos...

REY

¡Atrevimiento temerario! ¿Y dónde
ahora está?

DON DIEGO
Señor, a vuestra alteza
no he de encubrille la verdad: anoche
a Sevilla llegó con un criado.

REY
Ya conocéis, Tenorio, que os estimo,
y al rey informaré del caso luego,
casando a ese rapaz con Isabela,
volviendo a su sosiego al Duque Octavio,
que inocente padece; y luego al punto
haced que don Juan salga desterrado.

DON DIEGO
¿Adónde, mi señor?

REY
Mi enojo vea
en el destierro de Sevilla; salga
a Lebrija esta noche, y agradezca
sólo al merecimiento de su padre...
Pero, decid, don Diego, ¿qué diremos
a Gonzalo de Ulloa, sin que erremos?
Caséle con su hija, y no sé cómo
lo puedo ahora remediar.

DON DIEGO
Pues mira,
gran señor, qué mandas que yo haga
que esté bien al honor de esta señora,
hija de un padre tal.

REY
Un medio tomo,
con que absolvello del enojo entiendo:
mayordomo mayor pretende hacelle.

(Sale un CRIADO.*)*

CRIADO
Un caballero llega de camino,
y dice, señor, que es el duque Octavio.

REY
¿El duque Octavio?

CRIADO
Sí, señor.

REY
Sin duda
que supo de don Juan el desatino,
y viene, incitado a la venganza,
a pedir que le otorgue desafío.

DON DIEGO
Gran Señor, en tus heroicas manos
está mi vida, que mi vida propia
es la vida de un hijo inobediente;
que, aunque mozo, gallardo y valeroso,
y le llaman los mozos de su tiempo
el Héctor[54] de Sevilla, porque ha hecho
tantas y tan extrañas mocedades,
la razón puede mucho. No permitas
el desafío, si es posible.

REY
Basta.
Ya os entiendo, Tenorio: honor de padre.
Entre el duque.

DON DIEGO
Señor, dame esas plantas.
¿Cómo podré pagar mercedes tantas?

(Sale el DUQUE OCTAVIO, *de camino.)*[55]

---

[54] *Héctor,* héroe troyano, prototipo de valor y gallardía.

[55] *de camino,* con ropa de viaje, que en los caballeros había de ir necesariamente acompañado de botas y espuelas. Escribe Cervantes: «sin añadir a los vestidos que trae de rúa, para hacellos de camino, sino unas polainas y una sola espuela» (Entremeses, *El juez de los divorcios).*

DUQUE OCTAVIO

A esos pies, gran señor, un peregrino,
mísero y desterrado, ofrece el labio,
juzgando por más fácil el camino
en nuestra gran presencia.

REY

Duque Octavio...

DUQUE OCTAVIO

Huyendo vengo el fiero desatino
de una mujer, el no pensado agravio
de un caballero que la causa ha sido
de que así a vuestros pies haya venido.

REY

Ya, duque Octavio, sé vuestra inocencia.
Yo al rey escribiré que os restituya
en vuestro estado, puesto que el ausencia
que hicisteis algún daño os atribuya.
Yo os casaré en Sevilla con licencia
y también con perdón y gracia suya,
que puesto que Isabela un ángel sea,
mirando la que os doy, ha de ser fea.
Comendador mayor de Calatrava
es Gonzalo de Ulloa, un caballero
a quien el moro por temor alaba,
que siempre es el cobarde lisonjero.
Éste tiene una hija en quien bastaba
en dote la virtud, que considero,
después de la beldad, que es maravilla;
y es sol de las estrellas de Sevilla.
Ésta quiero que sea vuestra esposa.

DUQUE OCTAVIO

Cuando este viaje le emprendiera
a sólo esto, mi suerte era dichosa
sabiendo yo que vuestro gusto fuera.

Rey
Hospedaréis al duque, sin que cosa
en su regalo falte.

Duque Octavio
Quien espera
en vos, señor, saldrá de premios lleno.
Primero Alfonso sois, siendo el onceno.

(Vanse el Rey *y* Don Diego, *y sale* Ripio.*)*

Ripio
¿Qué ha sucedido?

Duque Octavio
Que he dado
el trabajo recebido,
conforme me ha sucedido,
desde hoy por bien empleado.
Hablé al rey, viome y honróme.
César con el César fui,
pues vi, peleé y vencí[56]:
y hace que esposa tome
de su mano, y se prefiere
a desenojar al rey
en la fulminada ley.

Ripio
Con razón el nombre adquiere
de generoso en Castilla.
Al fin, ¿te llegó a ofrecer
mujer?

[56] «Fui como un Julio César ante el rey (César, por antonomasia.)» Alusión a la frase, proverbial, *veni, vide, vici* (llegué, vi, vencí), con la que César comunicó al Senado, lacónicamente, su victoria sobre Farnaces, rey del Ponto (C. Suetonius, *Caesar,* 37, 2).

DUQUE OCTAVIO
Sí, amigo, mujer
de Sevilla, que Sevilla
da si averiguallo quieres,
porque de oíllo te asombres,
si fuertes y airosos hombres,
también gallardas mujeres.
Un manto tapado, un brío,
donde un puro sol se esconde,
si no es en Sevilla, ¿adónde
se admite? El contento mío
es tal que ya me consuela
en mi mal.

(Salen DON JUAN *y* CATALINÓN.*)*

CATALINÓN
Señor: detente,
que aquí está el duque inocente
Sagitario de Isabela[57]
aunque mejor le diré
Capricornio.

DON JUAN
Disimula.

CATALINÓN
Cuando le vende le adula.

DON JUAN
Como a Nápoles dejé
por enviarme a llamar
con tanta priesa mi rey,
y como su gusto es ley,
no tuve, Octavio, lugar

[57] Juego de palabras entre *sagitario* (no únicamente signo del Zodíaco, pese a la mayúscula), arquero, saetero, tomado metafóricamente por asaltante, violador, para permitir el chiste conceptual, de socarrona intención, con Capricornio, signo del Zodíaco y animal portador de cuernos.

de despedirme de vos
de ningún modo.

Duque Octavio
Por eso,
don Juan, amigo os confieso:
que hoy nos juntamos los dos
en Sevilla.

Don Juan
¡Quién pensara,
duque, que en Sevilla os viera
para que en ella os sirviera,
como yo lo deseaba!
¿Vos Puzol, vos la ribera
dejáis? Mas aunque es lugar
Nápoles tan excelente,
por Sevilla solamente
se puede, amigo, dejar.

Duque Octavio
Si en Nápoles os oyera
y no en la parte que estoy,
del crédito que ahora os doy
sospechoso que me riera.
Mas llegándola a habitar
es, por lo mucho que alcanza,
corta cualquiera alabanza
que a Sevilla queréis dar.
¿Quién es el que viene allí?

Don Juan
El que viene es el marqués
de la Mota. Descortés
es fuerza ser.

Duque Octavio
Si de mí
algo hubiereis menester,
aquí espada y brazo está.

CATALINÓN
(Aparte.) Y si importa gozará
en su nombre otra mujer;
que tiene buena opinión.

DON JUAN
De vos estoy satisfecho.

CATALINÓN
Si fueres de algún provecho,
señores, Catalinón,
vuarcedes continuamente
me hallarán para servillos.

RIPIO
¿Y dónde?

DUQUE OCTAVIO
En los Pajarillos,
tabernáculo excelente.

(Vanse OCTAVIO *y* RIPIO, *y sale el* MARQUÉS DE LA MOTA.*)*

MARQUÉS DE LA MOTA
Todo hoy os ando buscando,
y no os he podido hallar.
¿Vos, don Juan, en el lugar,
y vuestro amigo penando
en vuestra ausencia?

DON JUAN
¡Por Dios,
amigo, que me debéis
esa merced que me hacéis!

CATALINÓN
(Aparte.) Como no le entreguéis vos
moza o cosa que lo valga,
bien podéis fiaros dél;

que en cuanto en esto es cruel,
tiene condición hidalga.

Don Juan

¿Qué hay de Sevilla?

Marqués de la Mota

Está ya
toda esta corte mudada.

Don Juan

¿Mujeres?

Marqués de la Mota

Cosa juzgada.

Don Juan

¿Inés?

Marqués de la Mota

A Vejel se va.

Don Juan

Buen lugar para vivir
la que tan dama nació.

Marqués de la Mota

El tiempo la desterró
a Vejel.

Don Juan

Irá a morir.
¿Constanza?

Marqués de la Mota

Es lástima vella
lampiña de frente y ceja.
Llámale el portugués vieja,
y ella imagina que bella.

DON JUAN
Sí, que *velha* en portugués
suena vieja en castellano.
¿Y Teodora?

MARQUÉS DE LA MOTA
Este verano
se escapó del mal francés
por un río de sudores;
y está tan tierna y reciente,
que anteayer me arrojó un diente
envuelto entre muchas flores.

DON JUAN
¿Julia, la del Candilejo?

MARQUÉS DE LA MOTA
Ya con sus afeites lucha.

DON JUAN
¿Véndese siempre por trucha?

MARQUÉS DE LA MOTA
Ya se da por abadejo.

DON JUAN
El barrio de Cantarranas,
¿tiene buena población?

MARQUÉS DE LA MOTA
Ranas las más dellas son [58].

---

[58] *ranas.* «Com. Que todas nuestras serranas / por lo que tienen de *ranas* / en el agua son parleras» *(El Melancólico)*. «Bien sabéis vos que os adoro / Mejor yo sé que se burla; / que no busca en charcos ranas / quien tiene en la corte truchas» *(La villana de Vallecas)*. Por tanto, en nuestro texto, *rana* es mujer de baja estofa, inferior a *trucha,* «cortesana de gran porte» (Ed. Américo Castro). Y más generalmente, mujer tosca, frente a mujer exquisita y refinada, de superior atractivo. Tirso extrema aún más la

Don Juan

¿Y viven las dos hermanas?

Marqués de la Mota

Y la mona de Tolú[59]
de su madre Celestina
que les enseña doctrina.

Don Juan

¡Oh vieja de Bercebú!
¿Cómo la mayor está?

Marqués de la Mota

Blanca, sin blanca ninguna;
tiene un santo a quien ayuna[60].

Don Juan

¿Agora en vigilias da?

Marqués de la Mota

Es firme y santa mujer.

Don Juan

¿Y esotra?

---

imagen «gastronómica» en *Por el sótano y el torno:* «y afirma un barbimoreno / que una viuda ensabanada / es cual trucha salmanada / que está empapada en centeno» (acto II).

[59] *Tolú,* «ciudad de Colombia, puerto del Caribe. Sus monas han sido célebres en nuestra literatura», escribe Américo Castro, que detalla a continuación una serie de ejemplos.

[60] *Ayunar a alguien* se encuentra registrado en Cervantes: *¡Mal me conoce! Pues a fe que, si me conociese, que me ayunase.* (*Quijote,* I, 25), o *¡Mal conocen vuesas mercedes a esta señora; pues a fe que, si la conociesen, que la ayunarían... (El juez de los divorcios).* En ambos casos se unen dos significados: abstenerse del trato de alguien y temerle y respetarle en sumo grado. Esta segunda acepción es la utilizada aquí por Tirso, pero en juego conceptual con el ayuno eclesiástico. Y, como derivación, el excesivo respeto y temor, determina la fidelidad de la mujerzuela y, en consecuencia, su falta de *blancas,* o *monedas.*

MARQUÉS DE LA MOTA

Mejor principio
tiene; no desecha ripio.

DON JUAN

Buen albañir quiere ser.
Marqués: ¿qué hay de perros muertos?[61]

MARQUÉS DE LA MOTA

Yo y don Pedro de Esquivel
dimos anoche un cruel,
y esta noche tengo ciertos
otros dos.

DON JUAN

Iré con vos,
que también recorreré
cierto nido que dejé
en güevos para los dos.
¿Qué hay de terrero?[62]

MARQUÉS DE LA MOTA

No muero
en terreno, que en-terrado
me tiene mayor cuidado.

DON JUAN

¿Cómo?

MARQUÉS DE LA MOTA

Un imposible quiero.

---

[61] *perro muerto.* Señala y delimita Américo Castro los varios significados de la expresión, dentro del general de timo, engaño. «En nuestro texto se trata de obtener favores de una ramera y no pagarle...» (pág. 223), o engañándola en algún otro sentido. *Perro* se utiliza después en el sentido de burla, engaño.

[62] *terrero,* explanada delante de un edificio. Después, lugar donde cortejar a las damas de palacio. Aquí equivale a cortejos cortesanos.

Don Juan
Pues ¿no os corresponde?

Marqués de la Mota
Sí,
me favorece y estima.

Don Juan
¿Quién es?

Marqués de la Mota
Doña Ana, mi prima,
que es recién llegada aquí.

Don Juan
Pues ¿dónde ha estado?

Marqués de la Mota
En Lisboa,
con su padre en la embajada.

Don Juan
¿Es hermosa?

Marqués de la Mota
Es estremada,
porque en doña Ana de Ulloa
se estremó naturaleza.

Don Juan
¿Tan bella es esa mujer?
¡Vive Dios que la he de ver!

Marqués de la Mota
Vereis la mayor belleza
que los ojos del rey ven.

Don Juan
Casaos; pues es estremada.

MARQUÉS DE LA MOTA
El rey la tiene casada,
y no se sabe con quién.

DON JUAN
¿No os favorece?

MARQUÉS DE LA MOTA
Y me escribe.

CATALINÓN
(Aparte.) No prosigas, que te engaña
el gran burlador de España.

DON JUAN
Quien tan satisfecho vive
de su amor, ¿desdichas teme?
Sacalda, solicitalda,
escribilda y engañalda,
y el mundo se abrase y queme.

MARQUÉS DE LA MOTA
Agora estoy aguardando
la postrer resolución.

DON JUAN
Pues no perdáis la ocasión,
que aquí estoy aguardando.

MARQUÉS DE LA MOTA
Ya vuelvo.

(Vanse el MARQUÉS *y el* CRIADO.*)*

CATALINÓN
Señor Cuadrado
o señor Redondo, adiós.

CRIADO
Adiós.

Don Juan

Pues solos los dos,
amigo, habemos quedado,
síguele el paso al marqués,
que en el palacio se entró.

(Vase Catalinón. *Habla por una reja una* Mujer.*)*

Mujer

Ce, ¿a quién digo?

Don Juan

¿Quién llamó?

Mujer

Pues sois prudente y cortés
y su amigo, dalde luego
al marqués este papel;
mirad que consiste en él
de una señora el sosiego.

Don Juan

Digo que se lo daré:
soy su amigo y caballero.

Mujer

Basta, señor forastero.
Adiós.

(Vase.)

Don Juan

Ya la voz se fue.
¿No parece encantamiento
esto que agora ha pasado?
A mí el papel ha llegado
por la estafeta del viento.
Sin duda que es la dama
que el marqués me ha encarecido:
venturoso en esto he sido.

Sevilla a voces me llama
el *Burlador*, y el mayor
gusto que en mí puede haber
es burlar una mujer
y dejalla sin honor.
¡Vive Dios, que le[63] he de abrir,
pues salí de la plazuela!
Mas, ¿si hubiese otra cautela?...
Gana me da de reír.
Ya está abierto el tal papel;
y que es suyo es cosa llana,
porque firma doña Ana.
Dice así: «Mi padre infiel
en secreto me ha casado
sin poderme resistir;
no sé si podré vivir,
porque la muerte me ha dado.
Si estimas, como es razón,
mi amor y mi voluntad,
y si tu amor fue verdad,
muéstralo en esta ocasión.
Por que veas que te estimo,
ven esta noche a la puerta,
que estará a las once abierta,
donde tu esperanza primo,
goces, y el fin de tu amor.
Traerás, mi gloria, por señas
de Leonorilla y las dueñas,
una capa de color.
Mi amor todo de ti fío,
y adiós.» ¡Desdichado amante!
¿Hay suceso semejante?
Ya de la burla me río.
Gozaréla, ¡vive Dios!,

[63] De nuevo el leísmo tan frecuente en Tirso.

con el engaño y cautela
que en Nápoles a Isabela.

(Sale CATALINÓN.*)*

CATALINÓN
Ya el marqués viene.

DON JUAN
Los dos
aquesta noche tenemos
que hacer.

CATALINÓN
¿Hay engaño nuevo?

DON JUAN
Estremado.

CATALINÓN
No lo apruebo.
Tú pretendes que escapemos
una vez, señor, burlados;
que el que vive de burlar
burlado habrá de escapar
pagando tantos pecados
de una vez

DON JUAN
¿Predicador,
te vuelves impertinente?

CATALINÓN
La razón hace al valiente.

DON JUAN
Y al cobarde hace el temor.
El que se pone a servir
voluntad no ha de tener,

y todo ha de ser hacer,
y nada ha de ser decir.
Sirviendo, jugando estás,
y si quieres ganar luego,
haz siempre, porque en el juego,
quien más hace gana más.

CATALINÓN
Y también quien hace y dice
pierde por la mayor parte.

DON JUAN
Esta vez quiero avisarte
porque otra vez no te avise.

CATALINÓN
Digo que de aquí adelante
lo que me mandas haré,
y a tu lado forzaré
un tigre y un elefante.
Guárdese de mí un prior,
que si me mandas que calle
y le fuerce, he de forzalle
sin réplica, mi señor.

DON JUAN
Calla, que viene el marqués.

CATALINÓN
Pues, ¿ha de ser el forzado?

(Sale el MARQUÉS DE LA MOTA.*)*

DON JUAN
Para vos, marqués me han dado
un recaudo[64] harto cortés
por esa reja, sin ver
el que me lo daba allí;
sólo en la voz conocí
que me lo daba mujer.

---

[64] *recaudo:* recado, coexistiendo ambas formas.

Dícete al fin que a las doce
vayas secreto a la puerta
(que estará a las once abierta),
donde tu esperanza goce
la posesión de tu amor;
y que llevases por señas
de Leonorilla y las dueñas
una capa de color.

MARQUÉS DE LA MOTA

¿Qué dices?

DON JUAN

Que este recaudo[65]
de una ventana me dieron,
sin ver quién.

MARQUÉS DE LA MOTA

Con él pusieron
sosiego en tanto cuidado.
¡Ay amigo! Sólo en ti
mi esperanza renaciera.
Dame esos pies.

DON JUAN

Considera
que no está tu prima en mí.
Eres tú quien ha de ser
quien la tiene de gozar,
¿y me llegas a abrazar
los pies?

MARQUÉS DE LA MOTA

Es tal el placer,
que me ha sacado de mí.
¡Oh sol! Apresura el paso.

---

[65] *recaudo* en la *princeps,* aunque aquí quizá fuera más adecuado, por la rima, emplear *recado.*

DON JUAN
Ya el sol camina al ocaso.

MARQUÉS DE LA MOTA
Vamos, amigos, de aquí,
y de noche nos pondremos[66].
¡Loco voy!

DON JUAN
(Aparte.) Bien se conoce;
mas yo bien sé que a las doce
harás mayores estremos.

MARQUÉS DE LA MOTA
¡Ay, prima del alma, prima,
que quieres premiar mi fe!

CATALINÓN
(Aparte.) ¡Vive Cristo, que no dé
una blanca por su prima!

(Vase el MARQUÉS *y sale* DON DIEGO.*)*

DON DIEGO
¿Don Juan?

CATALINÓN
Tu padre te llama.

DON JUAN
¿Qué manda vueseñoría?

DON DIEGO
Verte más cuerdo quería,
más bueno y con mejor fama.
¿Es posible que procuras
todas las horas mi muerte?

[66] Esto es: vestirán trajes de noche, que en los caballeros eran negros.

Don Juan

¿Por qué vienes desa suerte?

Don Diego

Por tu trato y tus locuras.
Al fin el rey me ha mandado
que te eche de la ciudad,
porque está de una maldad
con justa causa indignado.
Que, aunque me lo has encubierto,
ya en Sevilla el rey lo sabe,
cuyo delito es tan grave,
que a decírselo no acierto.
¿En el palacio real
traición y con un amigo?
Traidor, Dios te dé el castigo
que pide delito igual.
Mira que, aunque al parecer
Dios te consiente y aguarda,
su castigo no se tarda,
y que castigo ha de haber
para los que profanáis
su nombre, que es juez fuerte
Dios en la muerte.

Don Juan

¿En la muerte?
¿Tan largo me lo fiáis?
De aquí allá hay gran jornada.

Don Diego

Breve te ha de parecer.

Don Juan

Y la que tengo que hacer,
pues a su alteza le agrada,
agora, ¿es larga también?

DON DIEGO

Hasta que el injusto agravio
satisfaga el duque Octavio,
y apaciguados estén
en Nápoles de Isabela
los sucesos que has causado,
en Lebrija retirado
por tu traición y cautela,
quiere el rey que estés agora:
pena, a tu maldad, ligera.

CATALINÓN

(Aparte.) Si el caso también supiera
de la pobre pescadora,
mas se enojara el buen viejo.

DON DIEGO

Pues no te vence castigo
con cuanto hago y cuanto digo,
a Dios tu castigo dejo.

(Vase.)

CATALINÓN

Fuese el viejo enternecido.

DON JUAN

Luego las lágrimas copia,
condición de viejo propia.
Vamos, pues ha anochecido,
a buscar al marqués.

CATALINÓN

Vamos,
y al fin gozarás su dama.

DON JUAN

Ha de ser burla de fama.

CATALINÓN

Ruego al cielo que salgamos
della en paz.

Don Juan

¡Catalinón,
en fin!

Catalinón

Y tú, señor, eres
langosta de las mujeres,
y con público pregón,
porque de ti se guardara
cuando a noticia viniera
de la que doncella fuera,
fuera bien se pregonara:
«Guárdense todos de un hombre
que a las mujeres engaña,
y es el burlador de España.»

Don Juan

Tú me has dado gentil nombre.

(Sale el Marqués, *de noche, con* Músicos, *y pasean el tablado, y se entran cantando.)*

Músicos

El que un bien gozar espera,
cuanto espera desespera.

Don Juan

¿Qué es esto?

Catalinón

Música es.

Marqués de la Mota

Parece que habla conmigo
el poeta. ¿Quién va?

Don Juan

Amigo.

Marqués de la Mota

¿Es don Juan?

DON JUAN

¿Es el marqués?

MARQUÉS DE LA MOTA

¿Quién puede ser sino yo?

DON JUAN

Luego que la capa vi,
que érades vos conocí.

MARQUÉS DE LA MOTA

Cantad, pues don Juan llegó.

MÚSICOS

(Cantan.) El que un bien gozar espera,
cuanto espera desespera.

DON JUAN

¿Qué casa es la que miráis?

MARQUÉS DE LA MOTA

De don Gonzalo de Ulloa.

DON JUAN

¿Dónde iremos?

MARQUÉS DE LA MOTA

A Lisboa[67].

DON JUAN

¿Cómo, si en Sevilla estáis?

---

[67] *Lisboa.* Supone Américo Castro una alusión concreta a las mujeres galantes portuguesas «que supongo vivían en la calle de la Sierpe». Pero puede tratarse también de mujer galante, en general, usando el nombre geográfico, como cima de lo portugués, símbolo en la época de erotismo apasionado. *Portugal* y *portugués* se emplean en este sentido pocos versos después.

Marqués de la Mota

Pues ¿aqueso os maravilla?
¿No vive, con gusto igual,
lo peor de Portugal
en lo mejor de Castilla?

Don Juan

¿Dónde viven?

Marqués de la Mota

En la calle
de la Sierpe, donde ves,
a Adán vuelto en portugués;
que en aqueste amargo valle
con bocados solicitan
mil Evas que, aunque dorados,
en efecto, son bocados
con que el dinero nos quitan.

Catalinón

Ir de noche no quisiera
por esa calle cruel,
pues lo que de día es miel
entonces lo dan en cera.
Una noche, por mi mal,
la vi sobre mí vertida,
y hallé que era corrompida
la cera de Portugal[68].

---

[68] *cera,* excremento. Alude a la costumbre de arrojar a la calle, por las ventanas, la suciedad acumulada durante el día. Tirso señala la hora en que se efectuaba tal operación (doce de la noche) en *La celosa de sí misma* (acto III). De madrugada se limpiaban las calles, como atestigua Lope: *Salía por donde suele / el sol muy galán y rico / ... / andaban los carretones / quitándole el romadizo / que da la noche a Madrid...* (*La dama boba,* acto I). La alusión a Portugal viene, de nuevo, derivada del ambiente erótico del lugar. El juego conceptual surge de la idea de la época del amor del portugués, que se consumía como cera o sebo. De ahí la «cera de Portugal», como

DON JUAN

Mientras a la calle vais,
yo dar un perro quisiera.

MARQUÉS DE LA MOTA

Pues cerca de aquí me espera
un bravo.

DON JUAN

Si me dejáis,
señor marqués, vos veréis
cómo de mí no se escapa.

MARQUÉS DE LA MOTA

Vamos, y poneos mi capa;
para que mejor lo deis.

DON JUAN

Bien habéis dicho. Venid,
y me enseñaréis la casa.

MARQUÉS DE LA MOTA

Mientras el suceso pasa,
la voz y el habla fingid.
¿Veis aquella celosía?

DON JUAN

Ya la veo.

MARQUÉS DE LA MOTA

Pues llegad
y decid: «Beatriz», y entrad.

DON JUAN

¿Qué mujer?

---

sinónimo de ardor amoroso. La utilización argumental del concepto la analizó María del Pilar Palomo en *El «amor portugués» en Tirso de Molina,* ya citado en mi *Introducción.*

MARQUÉS DE LA MOTA
Rosada y fría[69].

CATALINÓN
Será mujer cantimplora.

MARQUÉS DE LA MOTA
En Gradas[70] os aguardamos.

DON JUAN
Adiós, marqués.

CATALINÓN
¿Dónde vamos?

DON JUAN
Calla, necio, calla agora;
adonde la burla mía
ejecute.

CATALINÓN
No se escapa
nadie de ti.

DON JUAN
El trueque adoro.

CATALINÓN
Echaste la capa al toro.

DON JUAN
No, el toro me echó la capa.

(Vanse DON JUAN *y* CATALINÓN.)

---

69 Chiste sobre la base comparativa del color rojo de la cantimplora de barro y su frialdad y los supuestos colores y carácter de la mujer.

70 *Las Gradas*, el paseo o andén alto que rodeaba la iglesia mayor en Sevilla. Lugar de citas y paseo de desocupados, lo mismo que las gradas de San Felipe, en Madrid.

MARQUÉS DE LA MOTA
La mujer ha de pensar.
que soy él.

MÚSICOS
¡Qué gentil perro!

MARQUÉS DE LA MOTA
Esto es acertar por yerro.

MÚSICOS
Todo este mundo es errar.

(Cantan.) El que un bien gozar espera,
cuanto espera desespera.

(Vanse, y dice DOÑA ANA *dentro.)*

DOÑA ANA
¡Falso!, no eres el marqués,
que me has engañado.

DON JUAN
Digo
que lo soy.

DOÑA ANA
¡Fiero enemigo,
mientes, mientes!

(Sale DON GONZALO *con la espada desnuda.)*

DON GONZALO
La voz es
de doña Ana la que siento.

DOÑA ANA
(Dentro.) ¿No hay quien mate este traidor,
homicida de mi honor?

Don Gonzalo

¿Hay tan grande atrevimiento?
Muerto honor, dijo, ¡ay de mí!,
y es su lengua tan liviana
que aquí sirve de campana.

Doña Ana

Matalde.

(Salen Don Juan *y* Catalinón *con las espadas desnudas.)*

Don Juan

¿Quién está aquí?

Don Gonzalo

La barbacana caída
de la torre de mi honor,
echaste en tierra, traidor,
donde era alcalde la vida.

Don Juan

Déjame pasar.

Don Gonzalo

¿Pasar?
Por la punta desta espada.

Don Juan

Morirás.

Don Gonzalo

No importa nada.

Don Juan

Mira que te he de matar.

Don Gonzalo

¡Muere, traidor!

DON JUAN

Desta suerte
muero.

CATALINÓN

Si escapo de aquesta,
no más burlas, no más fiesta.

DON GONZALO

¡Ay, que me has dado la muerte!

DON JUAN

Tú la vida te quitaste.

DON GONZALO

¿De qué la vida servía?

DON JUAN

Huye.

(Vanse DON JUAN *y* CATALINÓN.*)*

DON GONZALO

Aguarda que es sangría,
con que el valor aumentaste.
Muerto soy; no hay bien que aguarde.
Seguiráte mi furor;
que es traidor, y el que es traidor
es traidor porque es cobarde.

(Entran muerto a DON GONZALO, *y salen el* MARQUÉS DE LA MOTA *y* MÚSICOS.*)*

MARQUÉS DE LA MOTA

Presto las doce darán,
y mucho don Juan se tarda:
¡fiera prisión del que aguarda!

(Salen DON JUAN *y* CATALINÓN.*)*

Don Juan

¿Es el marqués?

Marqués de la Mota

¿Es don Juan?

Don Juan

Yo soy; tomad vuestra capa.

Marqués de la Mota

¿Y el perro?

Don Juan

Funesto ha sido.
Al fin, marqués, muerto ha habido.

Catalinón

Señor, del muerto te escapa.

Marqués de la Mota

¿Burlaste, amigo? ¿Qué haré?

Catalinón

(Aparte.) También vos sois el burlado.

Don Juan

Cara la burla ha costado.

Marqués de la Mota

Yo, don Juan, lo pagaré,
porque estará la mujer
quejosa de mí.

Don Juan

Las doce
darán.

Marqués de la Mota

Como mi bien goce,
nunca llegue a amanecer.

DON JUAN

Adios, marqués.

CATALINÓN

Muy buen lance
el desdichado hallará.

DON JUAN

Huyamos.

CATALINÓN

Señor, no habrá
aguilita que me alcance.

(Vanse.)

MARQUÉS DE LA MOTA

Vosotros os podéis ir
todos a casa, que yo
he de ir solo.

CRIADO

Dios crió
las noches para dormir.

(Vanse y queda el MARQUÉS DE LA MOTA.*)*

(Dentro.) ¿Viose desdicha mayor,
y viose mayor desgracia?

MARQUÉS DE LA MOTA

¡Válgame Dios! Voces siento
en la plaza del Alcázar.
¿Qué puede ser a estas horas?
Un hielo el pecho me arraiga.
Desde aquí parece todo
una Troya que se abrasa,
porque tantas luces juntas
hacen gigantes de llamas.
Un grande escuadrón de hachas[71]

---

[71] *hachas,* antorchas.

se acerca a mí; ¿por qué anda
el fuego emulando estrellas,
dividiéndose en escuadras?
Quiero saber la ocasión.

(Salen Don Diego Tenorio *y la* Guardia *con hachas.)*

Don Diego
¿Qué gente?

Marqués de la Mota
Gente que aguarda
saber de aqueste ruïdo
el alboroto y la causa.

Don Diego
Prendeldo.

Marqués de la Mota
¿Prenderme a mí?

(Mete mano a la espada.)

Don Diego
Volved la espada a la vaina,
que la mayor valentía
es no tratar de las armas.

Marqués de la Mota
¿Cómo al marqués de la Mota
hablan ansí?

Don Diego
Dad la espada,
que el rey os manda prender.

Marqués de la Mota
¡Vive Dios!

(Salen el Rey *y acompañamiento.)*

REY

En toda España
no ha de caber, ni tampoco
en Italia, si va a Italia.

DON DIEGO

Señor, aquí está el marqués.

MARQUÉS DE LA MOTA

¿Vuestra alteza a mí me manda
prender?

REY

Llevalde y ponelde
la cabeza en una escarpia
¿En mi presencia te pones?

MARQUÉS DE LA MOTA

¡Ah, glorias de amor tiranas,
siempre en el pasar ligeras,
como en el vivir pesadas!
Bien dijo un sabio que había
entre la boca y la taza
peligro; mas el enojo
del rey me admira y espanta.
No sé por lo que voy preso.

DON DIEGO

¿Quién mejor sabrá la causa
que vueseñoría?

MARQUÉS DE LA MOTA

¿Yo?

DON DIEGO

Vamos.

MARQUÉS DE LA MOTA

¡Confusión extraña!

Rey

Fulmínesele el proceso
al marqués luego, y mañana
le cortarán la cabeza.
Y al comendador, con cuanta
solemnidad y grandeza
se da a las personas sacras
y reales, el entierro
se haga; en bronce y piedras varias
un sepulcro con un bulto
le ofrezcan, donde en mosaicas
labores, góticas letras
den lenguas a sus venganzas.
Y entierro, bulto y sepulcro
quiero que a mi costa se haga.
¿Dónde doña Ana se fue?

Don Diego

Fuese al sagrado, doña Ana,
de mi señora la reina.

Rey

Ha de sentir esta falta
Castilla; tal capitán
ha de llorar Calatrava.

(Vanse todos. Salen Batricio, *desposado con* Aminta; Gaseno, *viejo;* Belisa *y* pastores *músicos.)*

Músicos

(Cantan.) Lindo sale el sol de abril
con trébol y torongil,
y aunque le sirva de estrella,
Aminta sale más bella.

Batricio

Sobre esta alfombra florida,
adonde, en campos de escarcha

el sol sin aliento marcha
con su luz recién nacida,
os sentad, pues os convida
al tálamo el sitio hermoso.

AMINTA

Cantalde a mi dulce esposo
favores de mil en mil
(Cantan.) Lindo sale el sol de abril
con trébol y torongil,
y aunque le sirva de estrella,
Aminta sale más bella.

GASENO

Muy bien lo habéis solfeado;
no hay más sones en el kiries.
Cuando con sus labios tiries[72]
vuelve en púrpura los labios
saldrán, aunque vergonzosas,
afrentando el sol de abril.

AMINTA

Batricio, yo lo agradezco;
falso y lisonjero estás;
mas si tus rayos me das,
por ti ser luna merezco;
tú eres el sol por quien crezco
después de salir menguante.
Para que el alba te cante
la salva en tono sútil[73],
(Cantan.) Lindo sale el sol, etc.

[72] *tiries,* rojos como púrpura de Tira.

[73] *cante la salva,* haga la salva, es decir, saludar y dar la bienvenida a alguien disparando arcabuzazos o cañonazos. En sentido más general, señal de amistad y pleitesía a un recién llegado. Empleo análogo se encuentra en *El condenado por desconfiado,* pero sin el metaforismo amoroso del texto presente.

(Sale CATALINÓN, *de camino.)*

Señores, el desposorio
huéspedes ha de tener.

GASENO

A todo el mundo ha de ser
este contento notorio.
¿Quién viene?

CATALINÓN

Don Juan Tenorio.

GASENO

¿El viejo?

CATALINÓN

No ese don Juan.

BELISA

Será su hijo galán.

BATRICIO

Téngolo por mal agüero,
que galán y caballero
quitan gusto y celos dan.
Pues ¿quién noticia les dio
de mis bodas?

CATALINÓN

De camino
pasa a Lebrija.

BATRICIO

Imagino
que el demonio le envió.
Mas ¿de qué me aflijo yo?
Vengan a mis dulces bodas
del mundo las gentes todas.

Mas, con todo, un caballero
en mis bodas, ¡mal agüero!

GASENO

Venga el Coloso de Rodas,
venga el Papa, el Preste Juan[74]
y don Alfonso el Onceno
con su corte, que en Gaseno
ánimo y valor verán.
Montes en casa hay de pan,
Guadalquivires de vino,
Babilonias de tocino.
Y entre ejércitos cobardes
de aves, para que las lardes[75],
el pollo y el palomino.
Venga tan gran caballero
a ser hoy en Dos Hermanas
honra destas viejas canas.

BELISA

El hijo del camarero
mayor...

BATRICIO

(Aparte.) Todo es mal agüero
para mí, pues le han de dar
junto a mi esposa lugar.
Aún no gozo, y ya los cielos
me están condenando a celos.
Amor, sufrir y callar.

(Sale DON JUAN TENORIO.*)*

---

[74] *Preste Juan.* Legendario personaje, emperador de Etiopía, según Covarrubias, o asiático según creencia más antigua. En la Edad Media se creía que era un príncipe cristiano que reinaba en la parte oriental de Tartaria y luego se identificó como un príncipe cristiano en Abisinia. El fabuloso personaje dio nombre, por antonomasia, a los emperadores de Etiopía.

[75] *Lardar,* untar un asado con el *lardo,* o parte gruesa del tocino.

Don Juan

Pasando acaso he sabido
que hay bodas en el lugar,
y dellas quise gozar,
pues tan venturoso he sido.

Gaseno

Vueseñorío ha venido
a honrallas y engrandecellas.

Batricio

Yo, que soy el dueño dellas,
digo entre mí que vengáis
en hora mala.

Gaseno

¿No dais?
lugar a este caballero?

Don Juan

Con vuestra licencia quiero
sentarme aquí.

(Siéntate junto a la novia.)

Batricio

Si os sentáis
delante de mí, señor,
seréis de aquesa manera
el novio.

Don Juan

Cuando lo fuera,
no escogiera lo peor.

Gaseno

¡Que es el novio!

DON JUAN

De mi error
e ignorancia perdón pido.

CATALINÓN

(Aparte.) ¡Desventurado marido!

DON JUAN

(Aparte a CATALINÓN.*)* Corrido está.

CATALINÓN

(Aparte.) No lo ignoro;
mas si tiene de ser toro,
¿qué mucho que esté corrido?
No daré por su mujer
ni por su honor un cornado[76].
¡Desdichado tú, que has dado
en manos de Lucifer!

DON JUAN

¿Posible es que vengo a ser,
señora, tan venturoso?
Envidia tengo al esposo.

AMINTA

Parecéisme lisonjero.

BATRICIO

Bien dije que es mal agüero
en bodas un poderoso.

GASENO

Ea, vamos a almorzar,
porque pueda descansar
un rato su señoría.

(Tómale DON JUAN *la mano a la novia.)*

---

[76] *cornado,* «Fue antiguamente una moneda muy baja de ley» (*Cov.*). Curiosamente, fue moneda mandada acuñar por Alfonso XI, en cuyo reinado sitúa Tirso la acción de la comedia.

Don Juan
¿Por qué la escondéis?

Aminta
Es mía.

Gaseno
Vamos.

Belisa
Volved a cantar.

Don Juan
¿Qué dices tú?

Catalinón
¿Yo? Que temo
muerte vil destos villanos.

Don Juan
Buenos ojos, blancas manos,
en ellos me abraso y quemo.

Catalinón
¡Almagrar y echar a extremo![77]
Con ésta cuatro serán.

Don Juan
Ven, que mirándome están.

Batricio
En mis bodas, caballero,
¡mal agüero!

---

77 *almagrar y echar a extremo,* marcar el ganado antes de mandarlo a los pastos de invierno. Señala Covarrubias: «Cuando uno se aprovecha de una cosa, enfadado de ella la da de mano y se emplea en otra mejor, suele decirse *enalmagrar y echar a extremo.*»

GASENO

Cantad.

BATRICIO

Muero.

CATALINÓN

Canten, que ellos llorarán.

(Vanse todos, con que da fin la Segunda Jornada.)

JORNADA TERCERA

(Sale BATRICIO, *pensativo.)*

BATRICIO

Celos, reloj de cuidados,
que a todas las horas dais
tormentos con que matáis,
aunque dais desconcertado[78];
celos, del vivir desprecios,
con que ignorancias hacéis,
pues todo lo que tenéis
de ricos, tenéis de necios;
dejadme de atormentar,
pues es cosa tan sabida
que, cuando amor me da vida,
la muerte me queréis dar.
¿Qué me queréis, caballero,
que me atormentáis ansí?
Bien dije cuando le vi
en mis bodas, «¡mal agüero!».
¿No es bueno que se sentó
a cenar con mi mujer,
y a mí en el plato meter
la mano no me dejó?
Pues cada vez que quería
metella la desviaba,

[78] Leo *desconcertado,* en singular, de acuerdo con Vázquez, y no *desconcertados,* como la mayoría de las ediciones.

diciendo a cuanto tomaba:
«¡Grosería grosería!»
Pues llegándome a quejar
a algunos, me respondían
y con risa me decían:
«No tenéis de qué os quejar;
eso no es cosa que importe;
no tenéis de qué temer;
callad, que debe de ser
uso de allá de la corte.»
¡Buen uso trato estremado!
Mas no se usara en Sodoma:
que otro con la novia coma,
y que ayune el desposado.
Pues el otro bellacón[79]
a cuanto comer quería;
«Esto no come», decía:
«No tenéis, señor, razón»;
y de delante al momento
me lo quitaba. Corrido
esto; bien sé yo que ha sido
culebra y no casamiento[80].
Ya no se puede sufrir
ni entre cristianos pasar;
y acabando de cenar
con los dos, ¿mas que a dormir
se ha de ir también, si porfía,
con nosotros, y ha de ser,
el llegar yo a mi mujer,
«grosería, grosería»?
Ya viene, no me resisto,
Aquí me quiero esconder;
pero ya no puede ser,
que imagino que me ha visto.

(Sale DON JUAN TENORIO.*)*

---

[79] *el otro bellacón:* don Juan.

[80] *culebra.* «Dar culebra es dar algún chasco pesado, que suele ser de golpes» (*Dic. Aut.*). Era broma muy pesada, usual en cárceles y galeras.

Don Juan

Batricio.

Batricio

Su señoría.
¿qué manda?

Don Juan

Haceros saber...

Batricio

(Aparte.) ¿Mas que ha de venir a ser
alguna desdicha mía?

Don Juan

Que ha muchos días Batricio,
que a Aminta el alma le di
y he gozado...

Batricio

¿Su honor?

Don Juan

Sí

Batricio

(Aparte.) Manifiesto y claro indicio
de lo que he llegado a ver;
que si bien no le quisiera
nunca a su casa viniera.
Al fin, al fin es mujer.

Don Juan[81]

Al fin, Aminta celosa,
o quizá desesperada

[81] Don Juan hace uso de la mentira, como es en él habitual como elemento del engaño.

de verse de mí olvidada
y de ajeno dueño esposa,
esta carta me escribió
enviándome a llamar,
y yo prometí gozar
lo que el alma prometió.
Esto pasa de esta suerte.
Dad a vuestra vida un medio;
que le daré sin remedio
a quien lo impida, la muerte.

BATRICIO

Si tú en mi elección lo pones,
tu gusto pretendo hacer,
que el honor y la mujer
son males en opiniones.
La mujer en opinión
siempre más pierde que gana,
que son como la campana,
que se estima por el son.
Y así es cosa averiguada
qué opinión viene a perder,
cuando cualquiera mujer
suena a campana quebrada.
No quiero, pues me reduces
el bien que mi amor ordena,
mujer entre mala y buena,
que es moneda entre dos luces.
Gózala, señor, mil años,
que yo quiero resistir,
desengañar y morir,
y no vivir con engaños.

(Vase.)

DON JUAN

Con el honor le vencí,
porque siempre los villanos
tienen su honor en las manos,
y siempre miran por sí.

Que por tantas falsedades,
es bien que se entienda y crea,
que el honor se fue al aldea
huyendo de las ciudades.
Pero antes de hacer el daño
le pretendo reparar:
a su padre voy a hablar
para autorizar mi engaño.
Bien lo supe negociar:
gozarla esta noche espero.
La noche camina, y quiero
su viejo padre llamar.
Estrellas que me alumbráis,
dadme en este engaño suerte,
si el galardón en la muerte
tan largo me lo guardáis.

(Vase. Salen Aminta *y* Belisa.*)*

Belisa

Mira que vendrá tu esposo:
entra a desnudarte, Aminta.

Aminta

De estas infelices bodas
no sé qué siento, Belisa.
Todo hoy mi Batricio ha estado
bañado en melancolía,
todo es confusión y celos;
¡mirad qué grande desdicha!
Di, ¿qué caballero es éste
que de mi esposo me priva?
La desvergüenza en España
se ha hecho caballería.
Déjame, que estoy sin seso,
déjame, que estoy corrida.
¡Mal hubiese el caballero
que mis contentos me priva!

BELISA

Calla, que pienso que viene,
que nadie en la casa pisa
de un desposado, tan recio.

AMINTA

Queda adiós, Belisa mía.

BELISA

Desenójale en los brazos.

AMINTA

¡Plega a los cielos que sirvan
mis suspiros de requiebros,
mis lágrimas de caricias!

(Salen DON JUAN, CATALINÓN *y* GASENO.*)*

DON JUAN

Gaseno, quedad con Dios.

GASENO

Acompañaros querría,
por dalle desta ventura
el parabién a mi hija.

DON JUAN

Tiempo mañana nos queda.

GASENO

Bien decís: el alma mía
en la muchacha os ofrezco.

(Vase.)

DON JUAN

Mi esposa decid.
(A CATALINÓN.*)* Ensilla,
Catalinón.

Catalinón
¿Para cuándo?

Don Juan
Para el alba, que de risa
muerta, ha de salir mañana,
de este engaño.

Catalinón
Allá, en Lebrija,
señor, nos está aguardando
otra boda. Por tu vida,
que despaches presto en ésta.

Don Juan
La burla más escogida
de todas ha de ser ésta.

Catalinón
Que saliésemos querría
de todas bien.

Don Juan
Si es mi padre
el dueño de la justicia,
y es la privanza del rey,
¿qué temes?

Catalinón
De los que privan
suele Dios tomar venganza,
si delitos no castigan;
y se suelen en el juego
perder también los que miran.
Yo he sido mirón del tuyo,
y por mirón no querría
que me cogiese algún rayo
y me trocase en ceniza.

DON JUAN

Vete, ensilla, que mañana
he de dormir en Sevilla.

CATALINÓN

¿En Sevilla?

DON JUAN

Sí.

CATALINÓN

¿Qué dices?
Mira lo que has hecho, y mira
que hasta la muerte, señor,
es corta la mayor vida,
y que hay tras la muerte infierno.

DON JUAN

Si tan largo me lo fías,
vengan engaños.

CATALINÓN

Señor...

DON JUAN

Vete, que ya me amohínas
con tus temores estraños.

CATALINÓN

Fuerza al turco, fuerza al scita[82],
al persa y al garamante,
al gallego, al troglodita,
al alemán y al japón,
al sastre con la agujita
de oro en la mano, imitando
contino a la *Blanca niña*[83].

---

82 *scita* o escita, antiguo habitante de Scita, o Rusia. *Garamante,* habitante de Libia. Era tópico en la época aludir a ambos pueblos y países en imágenes de contraposición fuego/hielo, calor/frío...

83 Alusión al romance que comienza: «Estaba la blanca niña / bordando en su bastidor...»

(Vase.)

Don Juan

La noche en negro silencio
se estiende, y ya las cabrillas[84]
entre racimos de estrellas
el polo más alto pisan.
Yo quiero poner mi engaño
por obra. El amor me guía
a mi inclinación, de quien
no hay hombre que se resista.
Quiero llegar a la cama.
¡Aminta!

(Sale Aminta *como que está acostada.)*

Aminta

¿Quién llama a Aminta?
¿Es mi Batricio?

Don Juan

No soy
tu Batricio.

Aminta

Pues ¿quién?

Don Juan

Mira
despacio, Aminta, quién soy.

Aminta

¡Ay de mí! ¡Yo soy perdida!
¿En mi aposento a estas horas?

---

[84] *cabrillas,* constelación de las Pléyades que cuando alcanzan el punto más cercano a la estrella polar —o lucero del alba— anuncian la futura llegada del amanecer. Comp.: «Requieren las cabrillas y el norte...», se dice en *La Celestina* (acto III) de los amantes que quisieran retrasar la llegada del alba. Y recuérdese la *albada* provenzal.

DON JUAN
Éstas son las horas mías.

AMINTA
Volveos que daré voces.
No excedáis la cortesía
que a mi Batricio se debe.
Ved que hay romanas Emilias[85]
En Dos Hermanas también,
y hay Lucrecias vengativas[86].

DON JUAN
Escúchame dos palabras
y esconde de las mejillas
en el corazón la grana,
por ti más preciosa y rica.

AMINTA
Vete, que vendrá mi esposo.

DON JUAN
Yo lo soy; ¿de qué te admiras?

AMINTA
¿Desde cuándo?

---

[85] *Emilia,* ¿Virginia?

[86] *Lucrecia.* Heroína romana, símbolo de virtud y castidad. Hija de Septimio Severo y mujer de Colatino, fue violada por Sexto, hijo del rey Tarquino. Se quitó la vida, como reparación a su honor, en presencia de su padre, su esposo y de Bruto, instándoles a la venganza. Dicha venganza dio origen a la caída de los Tarquinos y la instauración del régimen consular en Roma. La apelación a la virtud de Lucrecia es frecuente en la literatura de la época, así como la traslación escénica (el *Baile de Lucrecia y Tarquino,* de Moreto, por ejemplo) de este argumento recogido por Dionisio de Halicarnaso en sus *Antigüedades romanas* y tratado luego por Virgilio Malvezzi en su *Tarquino il Superbo.* Lucrecia aparece citada en varias obras de Tirso.

Don Juan
Desde agora.

Aminta
¿Quién lo ha tratado?

Don Juan
Mi dicha.

Aminta
¿Y quién nos casó?

Don Juan
Tus ojos.

Aminta
¿Con qué poder?

Don Juan
Con la vista.

Aminta
¿Sábelo Batricio?

Don Juan
Sí,
que te olvida.

Aminta
¿Que me olvida?

Don Juan
Sí, que yo te adoro.

Aminta
¿Cómo?

Don Juan
Con mis dos brazos.

AMINTA
Desvía.

DON JUAN
¿Cómo puedo, si es verdad
que muero?

AMINTA
¡Qué gran mentira!

DON JUAN
Aminta, escucha y sabrás,
si quieres que te lo diga,
la verdad, que las mujeres
sois de verdades amigas.
Yo soy noble caballero,
cabeza de la familia
de los Tenorios, antiguos
ganadores de Sevilla.
Mi padre, después del rey,
se reverencia y estima,
y en la corte, de sus labios
pende la muerte o la vida.
Corriendo el camino acaso,
llegué a verte, que amor guía
tal vez las cosas de suerte,
que él mismo dellas se olvida.
Vite, adoréte, abraséme
tanto, que tu amor me anima
a que contigo me case;
mira qué acción tan precisa.
Y aunque lo mormure el reino
y aunque el rey lo contradiga,
y aunque mi padre enojado
con amenazas lo impida,
tu esposo tengo de ser.
¿Qué dices?

AMINTA
No sé qué diga,

que se encubren tus verdades
con retóricas mentiras.
Porque si estoy desposada,
como es cosa conocida,
con Batricio, el matrimonio
no se absuelve aunque él desista.

Don Juan

En no siendo consumado,
por engaño o por malicia
puede anularse.

Aminta

En Batricio
todo fue verdad sencilla.

Don Juan

Ahora bien: dame esa mano,
y esta voluntad confirma
con ella.

Aminta

¿Que no me engañas?

Don Juan

Mío el engaño sería.

Aminta

Pues jura que cumplirás
la palabra prometida.

Don Juan

Juro a esta mano, señora,
infierno de nieve fría,
de cumplirte la palabra.

Aminta

Jura a Dios que te maldiga
si no la cumples.

DON JUAN

Si acaso
la palabra y la fe mía
te faltare, ruego a Dios
que a traición y alevosía
me dé muerte un hombre (*[Aparte.]* muerto:
que, vivo, ¡Dios no permita!).

AMINTA

Pues con ese juramento
soy tu esposa.

DON JUAN

El alma mía
entre los brazos te ofrezco.

AMINTA

Tuya es el alma y la vida.

DON JUAN

¡Ay, Aminta de mis ojos!
Mañana sobre virillas
de tersa plata estrellada
con clavos de oro de Tíbar[87],
pondrás los hermosos pies,
y en prisión de gargantillas
la alabastrina garganta,
y los dedos en sortijas,

[87] *virillas de... plata.* «Una corregüela (correa pequeña) que se ingiere en el zapato entre la suela y el cordobán» (*Cov.*). En el calzado femenino —chapín— de clase acomodada o noble, era elemento imprescindible, para sujetar al cuero, y entre sí, las varias suelas de corcho de que estaba compuesto, que elevaban la estatura de la dama. El chapín de lujo tenía la *vira* o *virilla* de plata y ésta, en ocasiones, se adornaba aún más como en el contexto. *Oro de Tíbar,* o procedente de Tíbar o Costa de Oro, de muchos quilates. La alusión es frecuente en la época y, con análogo sentido hiperbólico, aparece ya en *La Celestina* en los famosos versos acrósticos iniciales: *O más fino tibar que vi con mis ojos.*

en cuyo engaste parezcan
transparentes perlas finas.

Aminta

A tu voluntad, esposo,
la mía desde hoy se inclina:
tuya soy.

Don Juan

(Aparte.) ¡Qué mal conoces
al *Burlador de Sevilla!*

(Vanse. Salen Isabela *y* Fabio *de camino.)*

Isabela

¡Que me robase el dueño,
la prenda que estimaba y más quería!
¡Oh, riguroso empeño
de la verdad! ¡Oh máscara del día!
¡Noche al fin, tenebrosa,
antípoda del sol, del sueño esposa!

Fabio

¿De qué sirve, Isabela,
la tristeza en el alma y en los ojos,
si amor todo es cautela,
y en campos de desdenes causa enojos,
si el que se ríe agora
en breve espacio desventuras llora?
El mar está alterado
y en grave temporal, [riesgo] se corre.
El abrigo ha tomado
las galeras, Duquesa, de la torre
que esta playa corona.

Isabela

¿Dónde estamos ahora?

Fabio

En Tarragona.
De aquí a poco espacio

daremos en Valencia, ciudad bella,
del mismo sol palacio.
Divertiráste algunos días en ella,
y después a Sevilla,
irás a ver la octava maravilla.
Que si a Octavio perdiste,
más galán es don Juan, y de Tenorio
solar. ¿De qué estás triste?
Conde dicen que es ya don Juan Tenorio;
el rey con él te casa,
y el padre es la privanza de su casa.

ISABELA

No nace mi tristeza
de ser esposa de don Juan, que el mundo
conoce su nobleza;
en la esparcida voz mi agravio fundo,
que esta opinión perdida
es de llorar mientras tuviere vida.

FABIO

Allí una pescadora
tiernamente suspira y se lamenta,
y dulcemente llora.
Acá viene, sin duda, y verte intenta.
Mientras llamo tu gente,
lamentaréis las dos más dulcemente.

(Vase FABIO *y sale* TISBEA.*)*

TISBEA

Robusto mar de España,
ondas de fuego, fugitivas ondas,
Troya de mi cabaña,
que ya el fuego, por mares y por ondas,
en sus abismos fragua,
y el mar forma, por las llamas, agua.
¡Maldito el leño sea
que a tu amargo cristal halló carrera,

antojo de Medea[88],
tu cáñamo primero o primer lino,
aspado de los vientos
para telas de engaños e instrumentos![89]

Isabela
¿Por qué del mar te quejas
tan tiernamente, hermosa pescadora?

Tisbea
Al mar formo mil quejas.
¡Dichosa vos, que en su tormento, agora
dél os estáis riendo!

Isabela
También quejas del mar estoy haciendo.
¿De dónde sois?

Tisbea
De aquellas
cabañas que miráis del viento heridas
tan victoriosa entre ellas;
cuyas pobres paredes desparcidas
van en pedazos graves,
dando en mil grietas nidos a las aves.
En sus pajas me dieron
corazón de fortísimo diamante;
mas las obras me hicieron,
deste monstruo que ves tan arrogante,
ablandarme de suerte,
que al sol la cera es más robusta y fuerte.

---

[88] *Antojo de Medea* en ayudar a Jasón a conquistar el vellocino de oro, surcando ambos el mar con éxito. Tirso recuerda también a Medea en *El laberinto de Creta*.

[89] Nueva alusión a la nave y empresa de los Argonautas, que tras alcanzar con la ayuda de Medea el codiciado vellocino de oro, lograron un feliz retorno en su marítimo viaje, gracias, de nuevo, a las artes mágicas de la sacerdotisa de Hecate.

¿Sois vos la Europa hermosa?[90]
¿que esos toros os llevan?

ISABELA

A Sevilla
llévanme a ser esposa
contra mi voluntad.

TISBEA

Si mi mancilla
a lástima os provoca,
y si injurias del mar os tienen loca,
en vuestra compañía,
para serviros como humilde esclava
me llevad; que querría,
si el dolor o la afrenta no me acaba,
pedir al rey justicia
de un engaño cruel, de una malicia.
Del agua derrotado,
a esta tierra llegó don Juan Tenorio,
difunto y anegado:
amparéle, hospedéle en tan notorio
peligro, y el vil güésped
víbora fue a mi planta en tierno césped.
Con palabra de esposo,
la que de esta cosa burla hacía,
se rindió al engañoso:
¡mal haya la mujer que en hombres fía!
Fuese al fin y dejóme:
mira si es justo que venganza tome.

---

[90] La alusión a Europa —raptada por Júpiter en forma de toro que pasó sobre las olas— viene determinada por la mención de *los toros.* Pero no está claro qué toros son los aludidos. ¿Los bueyes que tiraban de las barcas para llegar a tierra? Así lo supone Américo Castro. Faltando sílabas en la *princeps,* Vázquez prefiere editar:

¿Sois vos la Europa hermosa,
que esos toros os llevan?

Isabela

¡Calla, mujer maldita!
Vete de mi presencia, que me has muerto.
Mas si el dolor te incita,
no tienes culpa tú, prosigue el cuento.

Tisbea

La dicha fuera mía.

Isabela

¡Mal haya la mujer que en hombres fía!
¿Quién tiene de ir contigo?

Tisbea

Un pescador, Anfriso; un pobre padre
de mis males testigo.

Isabela

(Aparte.) No hay venganza que a mi mal
[tanto le cuadre.
Ven en mi compañía.

Tisbea

¡Mal haya la mujer que en hombres fía!

(Vanse. Salen Don Juan *y* Catalinón.*)*

Catalinón

Todo en mal estado está.

Don Juan

¿Cómo?

Catalinón

Que Octavio ha sabido
la traición de Italia ya,
y el de la Mota ofendido
de ti justas quejas da,
y dice, que fue el recaudo,

que de su prima le diste
fingido y disimulado,
y con su capa emprendiste
la traición que le ha infamado.
Dice que viene Isabela
a que seas su marido,
y dicen...

DON JUAN
¡Calla!

CATALINÓN
Una muela
en la boca me has rompido.

DON JUAN
Hablador, ¿quién te revela
tantos disparates juntos?

CATALINÓN
¡Disparate, disparate!
Verdes son.

DON JUAN
No pregunto
si lo son. Cuando me mate
Octavio: ¿estoy yo difunto?
¿No tengo manos también?
¿Dónde me tienes posada?

CATALINÓN
En la calle, oculta.

DON JUAN
Bien.

CATALINÓN
La iglesia es tierra sagrada.

Don Juan
Di que de día me den
en ella la muerte. ¿Viste
al novio de Dos Hermanas?

Catalinón
También le vi ansiado y triste.

Don Juan
Aminta, estas dos semanas,
no ha de caer en el chiste.

Catalinón
Tan bien engañada está,
que se llama doña Aminta.

Don Juan
¡Graciosa burla será!

Catalinón
Graciosa burla y sucinta,
mas siempre la llorará.

(Descúbrese un sepulcro de Don Gonzalo de Ulloa.*)*

Don Juan
¿Qué sepulcro es éste?

Catalinón
Aquí
don Gonzalo está enterrado.

Don Juan
Éste es al que muerte di.
¡Gran sepulcro le han labrado!

Catalinón
Ordenólo el rey ansí.
¿Cómo dice este letrero?

DON JUAN

«Aquí aguarda del Señor,
el más leal caballero,
la venganza de un traidor.»
del mote reírme quiero.
¿Y habréis vos de vengar,
buen viejo, barbas de piedra?

CATALINÓN

No se las podrás pelar,
que en barbas muy fuertes medra.

DON JUAN

Aquesta noche a cenar
os aguardo en mi posada.
Allí el desafío haremos,
si la venganza os agrada;
aunque mal reñir podremos,
si es de piedra vuestra espada.

CATALINÓN

Ya, señor, ha anochecido;
vámonos a recoger.

DON JUAN

Larga esta venganza ha sido.
si es que vos la habéis de hacer,
importa no estar dormido,
que si a la muerte aguardáis
la venganza, la esperanza
agora es bien que perdáis,
pues vuestro enojo y venganza
tan largo me lo fiáis.

(Vanse y ponen la mesa dos CRIADOS.*)*

CRIADO 1.º

Quiero apercibir la cena,
que vendrá a cenar don Juan.

CRIADO 2.º
Puestas las mesas están.
¡Qué flema tiene si empieza!
Ya tarda como solía,
mi señor; no me contenta;
la bebida se calienta
y la comida se enfría.
Mas ¿quién a don Juan ordena
esta desorden?

(Entran DON JUAN *y* CATALINÓN.*)*

DON JUAN
¿Cerraste?

CATALINÓN
Ya cerré como mandaste.

DON JUAN
¡Hola! Tráiganme la cena.

CRIADO 2.º
Ya está aquí.

DON JUAN
Catalinón,
siéntate.

CATALINÓN
Yo soy amigo
de cenar despacio.

DON JUAN
Digo
que te sientes.

CATALINÓN
La razón
haré[91].

[91] *hacer la razón,* aceptar una invitación.

CRIADO 1.º
También es camino
éste, si come con él.

DON JUAN
Siéntate.

(Un golpe dentro.)

CATALINÓN
Golpe es aquél.

DON JUAN
Que llamaron imagino;
mira quién es.

CRIADO 1.º
Voy volando.

CATALINÓN
¿Si es la justicia, señor?

DON JUAN
Sea, no tengas temor.

(Vuelve el CRIADO, *huyendo.)*

¿Quién es? ¿De qué estás temblando?

CATALINÓN
De algún mal da testimonio.

DON JUAN
Mal mi cólera resisto.
Habla, responde, ¿qué has visto?
¿Asombróte algún demonio?
Ve tú, y mira aquella puerta:
¡presto, acaba!

CATALINÓN
¿Yo?

DON JUAN

Tú, pues.
Acaba, menea los pies.

CATALINÓN

A mi agüela hallaron muerta
como racimo colgada,
y desde entonces se suena
que anda siempre su alma en pena.
Tanto golpe no me agrada.

DON JUAN

Acaba.

CATALINÓN

Señor, si sabes
que soy un Catalinón...

DON JUAN

Acaba.

CATALINÓN

¡Fuerte ocasión!

DON JUAN

¿No vas?

CATALINÓN

¿Quién tiene las llaves
de la puerta?

CRIADO 2.º

Con la aldaba
está cerrada no más.

DON JUAN

¿Qué tienes? ¿Por qué no vas?

CATALINÓN

Hoy Catalinón acaba.
¿Mas si las forzadas vienen
a vengarse de los dos?

(Llega CATALINÓN *a la puerta, y viene corriendo; cae y levántase.)*

DON JUAN

¿Qué es eso?

CATALINÓN

¡Válgame Dios!
¿Que me matan, que me tienen![92]

DON JUAN

¿Quién te tiene, quien te [mata]?
¿Qué has visto?

CATALINÓN

Señor, yo allí
vide cuando... luego fui...
¿Quién me ase, quién me arrebata?
Llegué, cuando después ciego...
cuando vile, ¡juro a Dios!...
Habló y dijo, ¿quién sois vos?...
respondió, y respondí luego...
topé y vide...

DON JUAN

¿A quién?

CATALINÓN

No sé.

DON JUAN

¡Cómo el vino desatina!
Dame la vela, gallina,
y yo a quien llama veré.

[92] *tienen,* agarran, sujetan.

(Toma Don Juan *la vela y llega a la puerta. Sale al encuentro* Don Gonzalo, *en la forma que estaba en el sepulcro, y* Don Juan *se retira atrás turbado, empuñando en una mano la espada, y en la otra la vela, y* Don Gonzalo *hacia él, con pasos menudos, y al compás* Don Juan, *retirándose hasta estar en medio del teatro.)*

Don Juan

¿Quién va?

Don Gonzalo

Yo soy.

Don Juan

¿Quién sois vos?

Don Gonzalo

Soy el caballero honrado
que a cenar has convidado.

Don Juan

Cena habrá para los dos,
y si vienen más contigo,
para todos cena habrá.
Ya puesta la mesa está.
Siéntate.

Catalinón

¡Dios sea conmigo!
¡San Panuncio, San Antón!
Pues ¿los muertos comen, di?
Por señas dice que sí.

Don Juan

Siéntate, Catalinón.

Catalinón

No, señor, yo lo recibo
por cenado.

DON JUAN

Es desconcierto:
¡qué temor tienen a un muerto!
¿Qué hicieras estando vivo?
Necio y villano temor.

CATALINÓN

Cena con tu convidado,
que yo, señor, ya he cenado.

DON JUAN

¿He de enojarme?

CATALINÓN

Señor,
¡vive Dios que güelo mal!

DON JUAN

Llega, que aguardando estoy.

CATALINÓN

Yo pienso que muerto soy,
y está muerto mi arrabal[93].

(Tiemblan los CRIADOS.*)*

DON JUAN

Y vosotros, ¿qué decís?
¿Qué hacéis? ¡Necio temblar!

CATALINÓN

Nunca quisiera cenar
con gente de otro país.
¿Yo, señor, con *convidado*
de piedra?

DON JUAN

¡Necio temer!
Si es piedra, ¿qué te ha de hacer?

---

[93] *arrabal,* posaderas.

CATALINÓN
Dejarme descalabrado.

DON JUAN
Háblale con cortesía.

CATALINÓN
¿Está bueno? ¿Es buena tierra
la otra vida? ¿Es llano o sierra?
¿Prémiase allá la poesía?

CRIADO 1.º
A todo dice que sí,
con la cabeza.

CATALINÓN
¿Hay allá
muchas tabernas? Sí habrá,
si Noé reside allí.

DON JUAN
¡Hola!, dadnos de beber[94].

CATALINÓN
Señor muerto, ¿allá se bebe
con nieve?

(Baja la cabeza.)

Así, que hay nieve:
buen país.

DON JUAN
Si oír cantar
queréis, cantarán.

(Baja la cabeza.)

---

[94] *beber.* Así, en la *princeps,* que sigue A. Castro y otros. Vázquez corrige por *cenar.*

CRIADO 2.º
Sí, dijo.

DON JUAN
Cantad.

CATALINÓN
Tiene el seor muerto
buen gusto.

CRIADO 1.º
Es noble, por cierto,
y amigo de regocijo.
(Cantan dentro.) Si de mi amor aguardáis,
señora, de aquesta suerte
el galardón en la muerte,
¡qué largo me lo fiáis!

CATALINÓN
O es sin duda veraniego[95]
el seor muerto, o debe ser
hombre de poco comer.
Temblando al plato me llego.
Poco beben por allá;

(Bebe.)

yo beberé por los dos.
Brindis de piedra, ¡por Dios!
Menos temor tengo ya.

(Cantan.)

Si ese plazo me convida
para que gozaros pueda,
pues larga vida me queda,
dejad que pase la vida.
Si de mi amor aguardáis,
señora, de aquesta suerte
el galardón en la muerte,
¡qué largo me lo fiáis!

---

95 *veraniego,* inapetente por el calor.

CATALINÓN
¿Con cuál de tantas mujeres
como has burlado, señor,
hablan?

DON JUAN
De todas me río,
amigo, en esta ocasión.
En Nápoles a Isabela...

CATALINÓN
Ésa, señor, ya no es hoy
burlada, porque se casa
contigo, como es razón.
Burlaste a la pescadora
que del mar te redimió,
pagándole el hospedaje
en moneda de rigor.
Burlaste a doña Ana...

DON JUAN
Calla,
que hay parte aquí que lastó[96]
por ella, y vengarse aguarda.

CATALINÓN
Hombre es de mucho valor,
que él es piedra, tú eres carne:
no es buena resolución.

(Hace señas que se quite la mesa y queden solos.)

DON JUAN
¡Hola! Quitad esa mesa,
que hace señas que los dos
nos quedemos, y se vayan
los demás.

---

[96] *lastar,* pagar a costa de otro.

CATALINÓN

¡Malo, por Dios!
No te quedes, porque hay muerto
que mata de un mojicón
a un gigante.

DON JUAN

Salíos todos.
¡A ser yo Catalinón!...
Vete, que viene[97].

(Vanse, y quedan los dos solos, y hace señas que cierre la puerta.)

DON JUAN

La puerta
ya está cerrada. Ya estoy
aguardando. Di, ¿qué quieres,
sombra o fantasma o visión?
Si andas en pena o si aguardas
alguna satisfacción
para tu remedio, dilo,
que mi palabra te doy
de hacer lo que me ordenares.
¿Estás gozando de Dios?
¿Dite la muerte en pecado?
Habla, que suspenso estoy.

(Habla paso, como cosa del otro mundo.)

DON GONZALO

¿Cumplirásme una palabra
como caballero?

DON JUAN

Honor
tengo, y las palabras cumplo,
porque caballero soy.

---

[97] Vázquez, recordando un dicho popular, da a estos dos versos el sentido de «Si fuera yo Catalinón: ¡Pies que te quiero!», alusivo al correr por miedo.

DON GONZALO

Dame esa mano, no temas.

DON JUAN

¿Eso dices? ¿Yo temor?
Si fueras el mismo infierno
la mano te diera yo

(Dale la mano.)

DON GONZALO

Bajo la palabra y mano,
mañana a las diez estoy
para cenar aguardando.
¿Irás?

DON JUAN

Empresa mayor
entendí que me pedías.
Mañana tu güesped soy.
¿Dónde he de ir?

DON GONZALO

A mi capilla.

DON JUAN

¿Iré solo?

DON GONZALO

No, los dos;
y cúmpleme la palabra
como la he cumplido yo.

DON JUAN

Digo que la cumpliré;
que soy Tenorio.

DON GONZALO

Yo soy

Ulloa.

DON JUAN

Yo iré sin falta.

DON GONZALO

Yo lo creo. Adiós.

(Va a la puerta.)

DON JUAN

Adiós.
Aguarda, iréte alumbrando.

DON GONZALO

No alumbres, que en gracia estoy.

(Vase muy poco a poco, mirando a DON JUAN, *y* DON JUAN *a él, hasta que desaparece, y queda* DON JUAN *con pavor.)*

DON JUAN

¡Válgame Dios! Todo el cuerpo
se ha bañado de un sudor,
y dentro de las entrañas
se me hiela el corazón.
Cuando me tomó la mano,
de suerte me la apretó
que un infierno parecía:
jamás vide tal calor.
Un aliento respiraba
organizando la voz,
tan frío, que parecía
infernal respiración.
Pero todas son ideas
que da la imaginación:
el temor y temer muertos
es mas villano temor;
que si un cuerpo noble, vivo,
con potencias y razón
y con alma, no se teme,

¿quién cuerpos muertos temió?
Mañana iré a la capilla
donde convidado soy,
porque se admire y espante
Sevilla de mi valor.

(Vase. Salen el Rey *y* Don Diego Tenorio *y acompañamiento.)*

Rey
¿Llegó al fin Isabela?

Don Diego
Y disgustada.

Rey
Pues ¿no ha tomado bien el casamiento?

Don Diego
Siente, señor, el nombre de infamada.

Rey
De otra causa procede su tormento.
¿Dónde está?

Don Diego
En el convento está alojada
de las Descalzas.

Rey
Salga del convento
luego al punto, que quiero que en palacio
asista con la reina más despacio.

Don Diego
Si ha de ser con don Juan el desposorio,
manda, señor, que tu presencia vea.

Rey
Véame, y galán salga, que notorio

quiero que este placer al mundo sea.
Conde será desde hoy don Juan Tenorio
de Lebrija; él la mande y la posea,
ya que ha perdido un duque, gane un conde.

DON DIEGO

Todos por la merced tus pies besamos.

REY

Merecéis mi favor tan dignamente,
que si aquí los servicios ponderamos,
me quedo atrás con el favor presente.
Paréceme, don Diego, que hoy hagamos
las bodas de doña Ana juntamente.

DON DIEGO

¿Con Octavio?

REY

No es bien que el duque Octavio
sea el restaurador de aqueste agravio.
Doña Ana con la reina me ha pedido
que perdone al marqués, porque doña Ana,
ya que el padre murió, quiere marido
porque si le perdió, con él le gana.
Iréis con poca gente y sin ruido
luego a hablalle a la fuerza de Triana;
por su satisfacción y por su abono
de su agraviada prima, le perdono.

DON DIEGO

Ya he visto lo que tanto deseaba.

REY

Que esta noche han de ser, podéis decille,
los desposorios.

Don Diego

Todo en bien se acaba.
Fácil será al marqués el persuadille,
que de su prima amartelado estaba.

Rey

También podéis a Octavio prevenille.
Desdichado es el duque con mujeres;
son todas opinión y pareceres.
Hanme dicho que está muy enojado
con don Juan.

Don Diego

No me espanto si ha sabido
de don Juan el delito averiguado,
que la causa de tanto daño ha sido.
El duque viene.

Rey

No dejéis mi lado,
que en el delito sois comprehendido.

(Sale el Duque Octavio.*)*

Duque Octavio

Los pies, invicto rey, me dé tu alteza.

Rey

Alzad, duque, y cubrid vuestra cabeza
¿Qué pedís?

Duque Octavio

Vengo a pediros,
postrado ante vuestras plantas,
una merced, cosa justa,
digna de serme otorgada.

Rey

Duque, como justa sea,
digo que os doy mi palabra
de otorgárosla. Pedid.

DUQUE OCTAVIO
Ya sabes, señor, por cartas
de tu embajador, y el mundo
por la lengua de la fama
sabe, que don Juan Tenorio,
con española arrogancia,
en Nápoles una noche,
para mí noche tan mala,
con mi nombre profanó
el sagrado de una dama

REY
No pases más adelante.
Ya supe vuestra desgracia.
En efecto: ¿qué pedís?

DUQUE OCTAVIO
Licencia que en la campaña
defienda cómo es traidor.

DON DIEGO
Eso no. Su sangre clara
es tan honrada...

REY
¡Don Diego!
Señor.

DUQUE OCTAVIO
¿Quién eres que hablas
en la presencia del rey
de esa suerte?

DON DIEGO
Soy quien calla
porque me lo manda el rey;
que si no, con esta espada
te respondiera.

Duque Octavio
Eres viejo.

Don Diego
Ya he sido mozo en Italia,
a vuestro pesar, un tiempo;
ya conocieron mi espada
en Nápoles y en Milán.

Duque Octavio
Tienes ya la sangre helada.
No vale *fui*, sino *soy*.

Don Diego
Pues fui y soy.

(Empuña.)

Rey
Tened; basta;
bueno está. Callad, don Diego,
que a mi persona se guarda
poco respeto. Y vos, duque,
después que las bodas se hagan,
más despacio hablaréis.
Gentilhombre de mi cámara
es don Juan, y hechura mía;
y de aqueste tronco rama;
mirad por él.

Duque Octavio
Yo lo haré,
gran señor, como lo mandas.

Rey
Venid conmigo, don Diego.

Don Diego
(Aparte.) ¡Ay, hijo! ¡Qué mal me pagas
el amor que te he tenido!

REY
Duque.

DUQUE OCTAVIO
Gran señor.

REY
Mañana
vuestras bodas se han de hacer.
Hágase, pues tú lo mandas.

(Vanse el REY *y* DON DIEGO *y salen* GASENO *y* AMINTA.*)*

GASENO
Este señor nos dirá
dónde está don Juan Tenorio.
Señor, ¿si está por acá
un don Juan a quien notorio
ya su apellido será?

DUQUE OCTAVIO
Don Juan Tenorio diréis.

AMINTA
Si, señor; ese don Juan.

DUQUE OCTAVIO
Aquí está: ¿qué le queréis?

AMINTA
Es mi esposo ese galán.

DUQUE OCTAVIO
¿Cómo?

AMINTA
Pues ¿no lo sabéis
siendo del alcázar vos?

Duque Octavio

No me ha dicho don Juan nada.

Gaseno

¿Es posible?

Duque Octavio

Sí, por Dios.
Doña Aminta es muy honrada.
Cuando se casen lo dos,
que cristiana vieja es
hasta los güesos, y tiene
de la hacienda el interés,
....
más bien que un conde, un marqués.
Casóse don Juan con ella,
y quitósela a Batricio.

Aminta

Decid cómo fue doncella
a su poder.

Gaseno

No es juicio
esto, ni aquesta querella.

Duque Octavio

(Aparte.) Ésta es burla de don Juan,
y para venganza mía
éstos diciéndola están.
¿Qué pedís, al fin?

Gaseno

Querría,
porque los días se van,
que se hiciese el casamiento,
o querellarme ante el rey.

Duque Octavio

Digo que es justo ese intento.

GASENO

Y razón y justa ley.

DUQUE OCTAVIO

(Aparte.) Medida a mi pensamiento
ha venido la ocasión.
En el alcázar tenéis
bodas.

AMINTA

¿Si las mías son?

DUQUE OCTAVIO

(Aparte.) Quiero, para que acertemos,
valerme de una invención.
Venid donde os vestiréis,
señora, a lo cortesano,
y a un cuarto del rey saldréis
conmigo.

AMINTA

Vos de la mano
a don Juan me llevaréis.

DUQUE OCTAVIO

Que de esta suerte es cautela.

GASENO

El arbitrio me consuela.

DUQUE OCTAVIO

(Aparte.) Éstos venganza me dan
de aqueste traidor don Juan
y el agravio de Isabela.

(*Vanse. Salen* DON JUAN *y* CATALINÓN.)

CATALINÓN

¿Cómo el rey te recibió?

Don Juan

Con más amor que mi padre.

Catalinón

¿Viste a Isabela?

Don Juan

También.

Catalinón

¿Cómo viene?

Don Juan

Como un ángel.

Catalinón

¿Recibióte bien?

Don Juan

El rostro
bañado de leche y sangre,
como la rosa que al alba
revienta la verde cárcel.

Catalinón

Al fin, ¿esta noche son
las bodas?

Don Juan

Sin falta.

Catalinón

[Si antes]
hubieran sido, no hubieras,
señor, engañado a tantas;
pero tú tomas esposa,
señor, con cargas muy grandes.

DON JUAN
Di: ¿comienzas a ser necio?

CATALINÓN
Y podrás muy bien casarte
mañana, que hoy es mal día.

DON JUAN
Pues ¿qué día es hoy?

CATALINÓN
Es martes.

DON JUAN
Mil embusteros y locos
dan en esos disparates.
Sólo aquel llamo mal día,
acïago y detestable,
en que no tengo dineros;
que lo demás es donaire.

CATALINÓN
Vamos, si te has de vestir,
que te aguardan, y ya es tarde.

DON JUAN
Otro negocio tenemos
que hacer, aunque nos aguarden.

CATALINÓN
¿Cuál es?

DON JUAN
Cenar con el muerto.

CATALINÓN
Necedad de necedades.

Don Juan
¿No ves que di mi palabra?

Catalinón
Y cuando se la quebrantes,
¿qué importa? ¿Ha de pedirte
una figura de jaspe
la palabra?

Don Juan
Podrá el muerto
llamarme a voces infame.

Catalinón
Ya está cerrada la iglesia.

Don Juan
Llama.

Catalinón
¿Qué importa que llame?
¿Quién tiene de abrir, que están
durmiendo los sacristanes?

Don Juan
Llama a este postigo.

Catalinón
Abierto
está.

Don Juan
Pues entra.

Catalinón
Entre un fraile
con su hisopo y estola.

Don Juan
Sígueme y calla.

CATALINÓN
¿Que calle?

DON JUAN
Sí.

CATALINÓN
Dios en paz
destos convites me saque.

(Entran por una puerta y salen por otra.)

¡Qué oscura que está la iglesia,
señor para ser tan grande!
¡Ay de mí! ¡Tenme, señor,
porque de la capa me asen!

(Sale DON GONZALO *como de antes, y encuéntrase con ellos.)*

DON JUAN
¿Quién va?

DON GONZALO
Yo soy.

CATALINÓN
¡Muerto estoy!

DON GONZALO
El muerto soy, no te espantes.
No entendí que me cumplieras
la palabra, según haces
de todos burla.

DON JUAN
¿Me tienes
en opinión de cobarde?

DON GONZALO
Sí, que aquella noche huiste
de mí cuando me mataste.

DON JUAN
Huí de ser conocido;
mas ya me tienes delante.
Di presto lo que me quieres.

DON GONZALO
Quiero a cenar convidarte.

CATALINÓN
Aquí escusamos la cena,
que toda ha de ser fiambre,
pues no parece cocina.

DON JUAN
Cenemos.

DON GONZALO
Para cenar
es menester que levantes
esa tumba.

DON JUAN
Y si te importa,
levantaré esos pilares.

DON GONZALO
Valiente estás.

DON JUAN
Tengo brío
y corazón en las carnes.

CATALINÓN
Mesa de Guinea es ésta[98].
Pues ¿no hay por allá quien lave?

---

[98] *Guinea,* alusión al color negro de la mesa, como los naturales de tal región.

DON GONZALO

Siéntate.

DON JUAN

¿Adónde?

CATALINÓN

Con sillas
vienen ya dos negros pajes.

(Entran dos enlutados con dos sillas.)

¿También acá se usan lutos
y bayeticas de Flandes?[99]

DON GONZALO

Siéntate tú.

CATALINÓN

Yo, señor,
he merendado esta tarde.

DON GONZALO

No repliques.

CATALINÓN

No replico.
Dios en paz de esto me saque.
¿Qué plato es éste, señor?

DON GONZALO

Este plato es de alacranes
y víboras.

---

99 *bayetas de Flandes,* el paño de bayeta negra que se utilizaba para el capuz de luto y para cubrir los túmulos funerarios. Como *entumbado* bajo una *sombra bayetana,* describe un personaje cervantino al enlutado *rufián viudo.*

Catalinón

¡Gentil plato!

Don Gonzalo

Éstos son nuestros manjares.
¿No comes tú?

Don Juan

Comeré,
si me dieses áspid y áspides
cuantos el infierno tiene.

Don Gonzalo

También quiero que te canten.

Catalinón

¿Qué vino beben acá?

Don Gonzalo

Pruébalo.

Catalinón

Hiel y vinagre.
es este vino.

Don Gonzalo

Este vino
esprimen nuestros lagares.

(Cantan.) Adviertan los que de Dios
juzgan los castigos grandes,
que no hay plazo que no llegue
ni deuda que no se pague.

Catalinón

¡Malo es esto, vive Cristo!
que he entendido este romance,
y que con nosotros habla.

DON JUAN

Un hielo el pecho me parte.
(Cantan.) Mientras en el mundo viva,
no es justo que diga nadie:
¡qué largo me lo fiáis!
siendo tan breve el cobrarse.

CATALINÓN

¿De qué es este guisadillo?

DON GONZALO

De uñas.

CATALINÓN

De uñas de sastre
será, si es guisado de uñas[100],

DON JUAN

Ya he cenado; haz que levanten
la mesa.

DON GONZALO

Dame esa mano;
no temas, la mano dame.

DON JUAN

¿Eso dices? ¿Yo, temor?
¡Que me abraso! ¡No me abrases
con tu fuego!

DON GONZALO

Éste es poco
para el fuego que buscaste.
Las maravillas de Dios
son, don Juan, investigables[101],
y así quiere que tus culpas

---

[100] Alusión a la rapacidad de los sastres, lugar común en Tirso y, en general, en la época.

[101] *investigables,* ininvestigables.

a manos de un muerto pagues,
y si pagas desta suerte,
ésta es justicia de Dios:
«quien tal hace, que tal pague».

Don Juan
¡Que me abraso, no me aprietes!
Con la daga he de matarte.
Mas ¡ay! que me canso en vano
de tirar golpes al aire.
A tu hija no ofendí,
que vio mis engaños antes.

Don Gonzalo
No importa, que ya pusiste
tu intento.

Don Juan
Deja que llame
quien me confiese y absuelva.

Don Gonzalo
No hay lugar; ya acuerdas tarde.

Don Juan
¡Que me quemo! ¡Que me abraso!
¡Muerto soy!

(Cae muerto.)

Catalinón
No hay quien se escape,
que aquí tengo de morir
también por acompañarte.

Don Gonzalo
Ésta es justicia de Dios:
«Quien tal hace que tal pague.»

(Húndese el sepulcro con DON JUAN *y* DON GONZALO, *con mucho ruido, y sale* CATALINÓN *arrastrando.)*

CATALINÓN

¡Válgame Dios! ¿Qué es aquesto?
Toda la capilla se arde,
y con el muerto he quedado
para que le vele y guarde.
Arrastrando como pueda
iré a avisar a su padre.
¡San Jorge, San *Agnus Dei,*
sacadme en paz a la calle!

(Vase. Salen el REY, DON DIEGO *y acompañamiento.)*

DON DIEGO

Ya el marqués, señor, espera
besar vuestros pies reales.

REY

Entre luego y avisad
al conde, porque no aguarde.

(Salen BATRICIO *y* DON GONZALO.*)*

BATRICIO

¿Dónde, señor, se permite
desenvolturas tan grandes,
que tus criados afrenten
a los hombres miserables?

REY

¿Qué dices?

BATRICIO

Don Juan Tenorio,

alevoso y detestable,
la noche del casamiento,
antes que le consumase,
a mi mujer me quitó;
testigos tengo delante.

(Salen Tisbea *e* Isabela *acompañamiento.)*

Tisbea

Si vuestra alteza, señor,
de don Juan Tenorio no hace
justicia, a Dios y a los hombres,
mientras viva, he de quejarme.
Derrotado le echó el mar;
dile vida y hospedaje,
y pagóme esta amistad
con mentirme y engañarme
con nombre de mi marido.

Rey

¿Qué dices?

Isabela

Dice verdades.

(Salen Aminta *y el* Duque Octavio.*)*

Aminta

¿Adónde mi esposo está?

Rey

¿Quién es?

Aminta

Pues ¿aún no lo sabe?
El señor don Juan Tenorio,
con quien vengo a desposarme,
porque me debe el honor,

y es noble y no ha de negarme.
Manda que nos desposemos.

(*Sale el* MARQUÉS DE LA MOTA.)

MARQUÉS DE LA MOTA

Pues tiempo, gran señor,
que a luz verdades se saquen,
sabrás que don Juan Tenorio
la culpa que me imputaste
tuvo él, pues como amigo,
pudo el crüel engañarme;
de que tengo dos testigos.

REY

¿Hay desvergüenza tan grande?
Prendelde y matalde luego.

DON DIEGO

En premio de mis servicios
haz que le prendan y pague
sus culpas, porque del cielo
rayos contra mí no bajen,
si es mi hijo tan malo.

REY

¡Esto mis privados hacen!

(*Sale* CATALINÓN.)

CATALINÓN

Señores, todos oíd
el suceso más notable
que en el mundo ha sucedido,
y en oyéndome, matadme.
Don Juan, del Comendador
haciendo burla, una tarde,
después de haberle quitado
las dos prendas que más valen,

tirando al bulto de piedra
la barba por ultrajarle,
a cenar le convidó:
¡nunca fuera a convidarle!
Fue el bulto y convidóle;
y agora, porque no os canse,
acabando de cenar,
entre mil presagios graves,
de la mano le tomó,
y le aprieta hasta quitalle
la vida, diciendo: «Dios
me manda que así te mate,
castigando tus delitos.
Quien tal hace que tal pague.»

Rey

¿Qué dices?

Catalinón

Lo que es verdad,
diciendo antes que acabase,
que a doña Ana no debía
honor, que lo oyeron antes
del engaño.

Marqués de la Mota

Por las nuevas
mil albricias pienso darte.

Rey

¡Justo castigo del cielo!
Y agora es bien que se casen
todos, pues la causa es muerta,
vida de tantos desastres.

Duque Octavio

Pues ha enviudado Isabela,
quiero con ella casarme.

MARQUÉS DE LA MOTA
Yo con mi prima.

BATRICIO
Y nosotros
con las nuestras, porque acabe
El convidado de piedra.

REY
Y el sepulcro se traslade
en San Francisco en Madrid[102],
para memoria más grande.

---

[102] Perduración de un elemento de los romances tradicionales sobre los que Tirso montó una parte de su obra. En algunos de ellos, en los que la acción transcurre en Madrid, figura San Francisco como la iglesia testigo del prodigio:

Criadillo, dile a tu amo
que el convidado de piedra,
que convidó en San Francisco,
viene a cumplir su promesa.

(Cfr. Menéndez Pidal, *Sobre los orígenes del convidado de piedra, Estudios literarios,* Madrid, 1920.)

MARTA LA PIADOSA

PERSONAJES

Doña Marta
Doña Lucía
Don Diego
Pastrana
Don Juan
Doña Inés
Don Gómez (viejo)
El Capitán Urbina
Don Felipe
El Alférez
López (criado)

(La escena es en Madrid y en Illescas.)

ACTO PRIMERO

(Sala en casa de Don Gómez, *en Madrid.)*

(Doña Marta, *sola, de luto galán.)*[1]

Doña Marta

El tardo buey atado a la coyunda
la noche espera y la cerviz levanta,
y el que tiene el cuchillo a la garganta,
en alguna esperanza el vivir funda.
Espera la bonanza, aunque se [h]unda,
la nave a quien el mar bate y quebranta:
sólo el infierno causa pena tanta
porque dél la esperanza no redunda.
Es común este bien a los mortales,
pues quien más ha alcanzado, más espera,
y a veces el que espera, al fin alcanza.
Mas a mí la esperanza de mis males

---

[1] *galán.* 'aderezado', 'adornado', 'elegante'. Como sustantivo fue sinónimo de hombre galante, de buen porte, bien vestido. Por generalización, se aplicó, como adjetivo, para calificar de airoso, elegante y adornado, todo lo concerniente al atavío, prestancia, modales de una persona. Un *luto galán* –contexto–, un *estilo galán, ir o estar muy galán,* etc. En su derivación de «hombre galanteador» vino también a significar *novio* o *amante*: «Que tiene cierto mancebo / por galán...», se lee en *El condenado por desconfiado*, acto I, aplicando el término a Enrico, amante de Celia.

de tal modo me aflige y desespera,
que no puedo esperar ni aun esperanza.

(DOÑA LUCÍA, *de luto.*)

DOÑA LUCÍA *(Para sí.)*

Que no puedo esperar ni aun esperanza
me dice la fortuna, aunque inconstante.
Lloro un hermano muerto, y un amante
de su vida homicida y mi confianza.
Esperar vida a un muerto ¿quién lo alcanza?
Esperar que en la ausencia sea constante
amor, es esperanza de ignorante;
que es huésped de la ausencia la mudanza.
Al homicida de mi hermano adoro.
¡Ved si se iguala a mi tormento alguno,
pues amo, aborreciendo juntamente!
Dos muertos, aunque el uno vive, lloro;
que si la ausencia es muerte, todo es uno.
Un hermano muerto y un amante ausente.

DOÑA MARTA

¿Quién materias a tus quejas,
que tantas formas, sin ver
que sabe el temor poner
a las paredes orejas?

DOÑA LUCÍA

¿Y por quién las tuyas son,
que de escuchar tus fatigas,
a llorar las mías me obligas,
hermana, a tu imitación?

DOÑA MARTA

¿Fáltame causa? ¿Es en vano
la pena que me ha afligido?
¿No he de llorar si he perdido
todo el bien con un hermano?

Doña Lucía

¿Pues salgo del cuarto grado
de ese parentesco yo?
¿O acaso no se murió
para mí, que te ha pesado
de que le llore mal muerto,
cuando bien le quise vivo?

Doña Marta

¡Qué diferente motivo
de llanto a tu desconcierto!
Todo, hermana, se me alcanza:
no dan tus ojos tributo
a muertos, ni son de luto
lágrimas con esperanza;
porque ellas mesmas publican,
por más que lo has encubierto,
que doblando por un muerto,
por otro vivo repican.
Ya sé por quién es el llanto.

Doña Lucía

Así como cree el ladrón,
que son de su condición:
creslo tú; no me espanto
que imagines disparates,
que ha tanto pasan en ti.

Doña Marta

¿Tan boba te parecí,
por más que encubrirte trates,
que jamás eché de ver
lo que a don Felipe quieres?
Siempre somos las mujeres,
si lo pretendes saber,
mucho más largas de vista
que los hombres: penetramos
las almas cuando miramos,
sin que el cuerpo lo resista.

A Eva crió después
Dios que a Adán, y aunque postrera,
fue en ver la fruta, primera,
de tan costoso interés.
No pienses, doña Lucía,
que has de poder esconder
tu amor, porque soy mujer,
y veo mucho.

DOÑA LUCÍA

Hermana mía,
¿tiénesme por hombre a mí,
o miro con cataratas,
que por lince te retratas,
y a mí por topo? Si a ti
te parece que penetras
los corazones, también
creo yo que mis ojos ven
las más escondidas letras.
No culpes, hermana, al muerto,
pues solamente es deudor
don Felipe, el matador,
de ese llanto.

DOÑA MARTA

¡Bien por cierto!
¿Luego quise yo jamás
a don Felipe?

DOÑA LUCÍA

¡Jesús!
¿Querer? ¡Bonita eres tú!
Hasle aborrecido más
que el tordo a las guindas[2]. Eso

---

[2] *hasle aborrecido...* Expresión popular, cercana al refranero, basada en la afición de los tordos a picotear la fruta y empleada irónicamente para subrayar lo contrario de lo que se afirma.

¿no es claro? ¿Eres tú mujer
que a nadie había de querer?
Tú no eres de carne y hueso.

Doña Marta

A lo menos fuera afrenta
que amara yo a quien de ti
es amado.

Doña Lucía

¿Cómo así?

Doña Marta

Porque no es hombre de cuenta
en quien tú los ojos pones;
y cuando tenga valor,
sólo por tenelle amor
tú, le pierde[s].

Doña Lucía

Mil razones
te sobran.

Doña Marta

Y en conclusión,
ya sabes lo que perdiera,
si elección de mi amor hiciera
de quien tú haces elección;
porque dijeran de mí,
teniéndote, aun quien te precia
y sirve[3], por fría y necia,
que me parecía a ti.

---

[3] *servir*, 'hacer la corte'. La expresión proviene de la ya lejana teoría del amor cortés de los provenzales, con su concepción del amor como vasallaje y servidumbre, dando título incluso a obras como *El siervo libre amor*, de Rodríguez del Padrón. Cfr., sobre ello, mi edición del *Siervo* en Clásicos Castalia, Madrid, 1974.

DOÑA LUCÍA

Soy yo la misma frialdad,
y eres tú el mismo calor.
Andan perdidos de amor
los hombres por tu beldad.
Eres un sol en el talle,
y hasle parecido en todo
de tal suerte, que del modo
que ninguna osa miralle,
porque ciega el resplandor
que visten sus rayos rojos;
nadie pone en ti los ojos,
porque los ciegas de amor.
Y así, aunque abrasa y admira
tu hermosura de mil modos,
como el sol te alaban todos;
pero ninguno te mira,
porque ninguno hasta agora
hace de servirte caso.
Yo que ni quemo ni abraso,
ni soy sol, ni soy aurora,
de tu discreción me río;
pues con ser menos perfecta,
no tan hermosa y discreta;
por más que yelo y enfrío,
tengo muchos pretendientes,
que a pesar de tu beldad,
estiman más mi frialdad
que no tus rayos ardientes.

DOÑA MARTA

Serán amantes felpados,
destos rubios moscateles[4],
que para que no los yeles,

[4] *rubios moscateles.* Juego de palabras entre moscatel: «hombre que fastidia por su falta de noticias e ignorancia» (*Dic. Aut.*), como sinónimo de necio y pesado, y la rubia uva de moscatel, conservada entre pajas para mantenerla fresca. La costumbre

irán a verte forrados;
porque como cada día
truecan las cosas los cielos,
y ya se venden los hielos[5],
estimárante por fría.
Mas qué dices ¿que también
don Felipe te adoraba,
y con tu nieve temblaba
su fuego? ¿Quísote bien?

DOÑA LUCÍA

Así le quisiera yo.

DOÑA MARTA

¿Que no le quieres?

DOÑA LUCÍA

Ni es justo
gastar el tiempo y el gusto
con quien sabes que mató
a mi hermano; antes deseo
que la justicia castigue
su crueldad, porque mitigue
la pena que nunca creo
ha de tener fin en mí.

DOÑA MARTA

¡Qué!, ¿te holgaras, por tu vida,
de ver muerto al homicida?

---

de los forros en el interior de los trajes —*rellenos*, diríamos hoy— se extendió como motivo de presunción, no de abrigo, ya que se refiere a los utilizados para engordar pantorrillas enclenques o talles esmirriados. De ahí la expresión *moscateles forrados*, que se aclara en su significado satírico social ante otra utilización de Lope: *los moscateles lindos* (en *De Cosario a cosario*). Cit. a través de *El villano en su rincón*. Ed. de J. de Entrambasaguas, Madrid, 1961, pág. 37. Recuérdese el significado de *lindo*, frecuente en la época, con valor de atildado, afeminado.

[5] Véase nota 39 de *El burlador de Sevilla*.

DOÑA LUCÍA
Digo mil veces que sí.

DOÑA MARTA
Rigores son excesivos.

DOÑA LUCÍA
Fuéronlo sus desconciertos.

DOÑA MARTA
Que perdone Dios los muertos,
y dé salud a los vivos.

DOÑA LUCÍA
No lo merece su exceso.

DOÑA MARTA *(Fingiendo.)*
Pues si su muerte te da
gusto, has de saber que está
don Felipe, hermana, preso.

DOÑA LUCÍA *(Alborotada.)*
¿Dónde?

DOÑA MARTA
En Sevilla le sigue
su culpa.

DOÑA LUCÍA *(Aparte.)*
¡Ay! ¡Fiero tormento!

DOÑA MARTA
Y mi padre tan contento
de que su prisión mitigue
su pena y larga tristeza,
que para que se anticipe
tu venganza, a don Felipe
hará cortar la cabeza
antes de un mes.

DOÑA LUCÍA *(Aparte.)*
¡Ay de mí!

DOÑA MARTA
Mira si el cielo ha dispuesto
tu venganza.

DOÑA LUCÍA
¿Qué tan presto,
hermana, ha de morir?

DOÑA MARTA
Sí.
¿Lloras?

DOÑA LUCÍA
¿Soy de bronce yo?

DOÑA MARTA
No, mas poco ha que afirmabas
que su muerte deseabas
porque a tu hermano mató.

DOÑA LUCÍA
Todo es, doña Marta, así;
pero no has dado en lo cierto.

DOÑA MARTA
¿No deseabas verle muerto?

DOÑA LUCÍA
Sí, hermana: —muerto... por mí.

(Aparte.)

La verdad voy a saber
de mi padre y a llorar.

(Vase.)

DOÑA MARTA

¡Qué fácil es de engañar,
cuando es boba, una mujer!
Quise fingir su prisión
para saber su amor, cielos,
y al fin saqué a luz mis celos
envueltos en su afición.

*(*DON GÓMEZ, *viejo, leyendo una carta.)*

DON GÓMEZ *(Lee.)*

«Entre las muchas causas que me obligaron a dejar las Indias y volver a España, fue [la][6] principal el deseo de veros y convertir nuestra antigua amistad en parentesco. Dios, mis hazañas y buena inteligencia han querido que en diez años de asistencia haya ganado cien mil pesos y más que para que os sirváis con ellos ofrezco en arras a mi señora doña Marta, hija vuestra, si, con perdón de mis canas, trueco el nombre de vuestro amigo por el de yerno. En Illescas estoy, que, como sabéis, es mi tierra: fiestas y toros hay; si ellas os obligan y yo lo merezco, mi casa os aguarda, vacía de hijos, que nunca los he tenido, y llena de deseos que espero cumpliréis. El cielo os guarde, etc. EL CAPITÁN URBINA.»

Mil veces sea bien venido;
que estas nuevas solamente
poner límite han podido
al llanto y pena presente,
por el hijo que he perdido.
La misma edad que yo tiene
el capitán, mas pues viene
con más de cien mil ducados,
años que están tan dorados,
reverenciallos conviene.

[6] En el texto *lo*, según anota Juliá.

Daràle Marta la mano,
que no es viejo el interés,
aunque el capitán es cano;
y menos enfermo es
el invierno que el verano.
Invierno viejo es mi yerno;
verano suele llamar
la juventud al amor tierno;
pero bien podrá pasar
con tanta ropa este invierno
mi hija; que [della][7] fío
que ha de hacer el gusto mío
y del que escribe esta carta;
que es viejo y compra esta *marta*
para remediar su frío.

Doña Marta

Señor, ¿qué nuevo contento
ha puesto fin a tu llanto?

Don Gómez *(Aparte.)*

Encubrille el casamiento
quiero.—Aunque es mi dolor tanto,

(Alto.)

iguala a su sentimiento.
y aún sobrepuja, el placer
que destas nuevas consigo.
Un hijo viene a perder,
y hoy, hija, cobro un amigo,
a quien luego iré a ver;
que aunque el daño considero
que de mi amado heredero
hace la falta, colijo
que puede igualarse a un hijo
un amigo verdadero.

[7] En el texto: *vella*, anota Juliá.

Viene el Capitán Urbina
conforme me escribe aquí,
tan galán que de una mina
sacó el alma al Potosí,
y las telas a la China.
Con más de cien mil ducados
pone en olvido cuidados.
En Illescas, Marta, está,
y que vaya a verle allá
me escribe: en tiempos pasados
fuimos los dos una vida
y un alma; con sus tesoros
y su casa me convida.
Dice que hay fiestas y toros
mañana allí; y aunque impida
la muerte de don Antonio
ver fiestas, en testimonio
de su amistad esta vez
dispensará mi vejez
y su rico patrimonio
con vuestro luto y mi pena.
A buscar un coche voy;
que es fresca la tarde y buena,
y habemos de partir [h]oy.

DOÑA MARTA

Señor, los pasos refrena,
y vuelve a tener memoria
de que quitaron la vida
a mi hermano.

DON GÓMEZ

Y es notoria
la culpa del homicida.
Con una requisitoria
en su seguimiento va
un alguacil, que dará
lucida satisfacción
a mi pena y su traición.

Doña Marta *(Aparte.)*
¡Cielo[s]! En Illescas está
que así me lo escribió ayer,
y si las fiestas aguarda
que mi padre intenta ver,
nuevo temor me acobarda
de que allí le han de prender.

(Sale Doña Lucía.*)*

Doña Lucía
Ya me han contado el suceso
que te ha alegrado, señor.

Don Gómez
¡Oh, Lucía! ¿Cómo es eso?

Doña Lucía
Dícenme que el matador
tienen en Sevilla preso.

Don Gómez
¡Válgame el cielo! Pues ¿quién
desa nueva autor ha sido?

Doña Lucía
¿Eso preguntas? ¡Qué bien!

Don Gómez
¿Habrá el alguacil venido?
Nobles albricias[8] le den;
la requisitoria ha hecho
la diligencia debida
en Sevilla. Satisfecho

---

[8] *albricias:* «las dádivas, regalo o dones que se hacen pidiéndose o sin pedirse por alguna buena nueva o feliz suceso a la persona que lleva o da la primera noticia al interesado» (*Dic. Aut.*). Desde su origen tenía un uso real y auténtico, gratificándose

estoy: dará el homicida
justa venganza a mi pecho.
De todo a informarme voy,
y porque partamos [h]oy
a Illescas, voy a aprestar
un coche en que caminar.

(Vase.)

DOÑA LUCÍA

Confusa y dudosa estoy.
¿Qué camino es éste, hermana?
¿Qué alguacil es el que viene
y aquestas albricias gana?
Si mi padre preso tiene
a don Felipe, y es llana
su venganza, ¿cómo se hace
de nuevas? Mi confusión
de tantas quimeras nace.

DOÑA MARTA

Ha sabido la afición
con que a tu amor satisface
don Felipe, hermana mía,
mi padre; y por excusar
tu pena y melancolía,
no se atreve a decl[ar]ar
la causa de su alegría.
Quiere ir a velle dar muerte
a Sevilla, y porque advierte,
si sabes esto, la pena
que te ha de causar, ordena,
como ves, entretenerte

---

al mensajero de la noticia, pero como fórmula convencional se empleó profusamente. Ya el Cid, ante el buen agüero de las cornejas del camino de Burgos «pide albricias» a Alvar Fáñez porque «echados somos de tierra / más a grand ondra tornaremos a Castiella».

en Illescas, cuyas fiestas
y toros suspenderán
el llanto que manifiestas.

Doña Lucía

Fiestas ¿cómo enjugarán,
Marta, lágrimas funestas?
Mas pues sé ya sus engaños,
yo le diré que no intente
con su muerte nuevos daños,
o su venganza inclemente
verá malograr mis años.
Si la ira no reporta,
será mi vida tan corta
como largo su rigor.

Doña Marta

Por agora lo mejor
será callar; que te importa
llegue a Illescas, donde está
un amigo que ha venido
de Indias y a velle va;
que por las dos persuadido,
el enojo aplacará
de mi padre, y desta suerte
remediaremos su muerte.

Doña Lucía

Buen remedio es ése.

Doña Marta

Extraño.

(Aparte.)

¡Qué bien a esta boba engaño!

Doña Lucía

Callar quiero, que ya se advierte

mi sospecha, hermana mía,
que los celos que tenía
de ti, eran sin razón,
pues con tanta afición
me favoreces.

DOÑA MARTA

Lucía;
los celos son el tributo
que dan intenciones malas,
ruin el árbol como el fruto.

DOÑA LUCÍA

Vamos, y aprestemos galas,
las que permitiere el luto.

(Aparte.)

¡Cielos; excusad su muerte!

DOÑA MARTA *(Aparte.)*

Como no esté en el lugar,
dichosa será su suerte.
¡Quién dijera que pesar,
Felipe, me diera el verte!

(Vase.)

(*Una calle de Illescas.*)

(PASTRANA *y* DON FELIPE, *de camino.)*

PASTRANA

A pie, a caballo, a jumento,
a mula, a carro y a coche
he caminado esta noche,
sólo por darte contento.

Don Felipe

¡Ay, Pastrana! En mis desgracias
halla mi felicidad
cierta ayuda en tu amistad,
y pasatiempo en tus gracias.
Respetos de bien nacido
te han obligado a seguirme,
y a alegrarme y divertirme
tu humor siempre entretenido.
Si mis desdichas recelas,
sírvate en esta ocasión
el símbolo del [h]alcón
con capirote y pigüelas[9];
que alivia mi desventura
el misterioso letrero
donde dice: «Alegre espero
tras las tinieblas luz pura»[10].
Ansí yo, si desterrado
una muerte me hace andar,

---

9 *capirote.* «Capirote de halcón, es una armadura justa a la cabeza del pájaro, hecha de cuero, y con echársela no ve nada, y está quieto en la mano y en el alcándara; éste le quitan cuando ha de volar» *(Cov.). Pigüelas*: «Las correas con que guarnecen los gavilanes y halcones» *(Cov.).* El símbolo, pues, del halcón «con capirote y pigüelas» —término de cetrería— es sinónimo de «atado y a oscuras», pero esperando el momento de la libertad y de la luz. Ahora bien, la utilización del término viene determinada por la popularidad del emblema del impresor Juan de la Cuesta —ya utilizado por diversos impresores con mucha anterioridad— y difundido por obras de la popularidad de las dos partes de *El Quijote.* No hay, pues, en la expresión tirsista alusiones a un determinado capítulo (LXVIII) de la segunda parte de la novela cervantina como afirmó Blanca de los Ríos, sino la utilización del emblema editorial, ya popularísimo con anterioridad a 1615.

10 *Post tenebras spero lucem* (libro de Job, cap. XVII), pero la cita no supone referencia bíblica, sino la alusión a dicho *letrero,* que rodeaba al halcón con capirote del aludido emblema de Juan de la Cuesta.

luz cual él puedo esperar
después de tanto nublado.

PASTRANA

Sí, mas ¿no fuera mejor,
ausentándonos más lejos,
tomar los sabios consejos
que al prudente da el temor,
y no hacer que tu amor sea
cual la ciega mariposa,
que la llama peligrosa
ronda, enamora y pasea[11]
hasta que a su luz sutil
muere, cuyo ejemplo igualas,
pues aguardas que las alas
nos corte algún alguacil?

DON FELIPE

Considera tú un león
atado, cuando recuerda
caminar cuanto la cuerda
le permite en la prisión,
que no extendiéndose a más,
vuelve a otra parte y no puede;
lo mismo, pues, me sucede.
Mas persuadirme podrás
que de aquí, amigo, me parta,
aunque vida y honra pierda,
porque no me dan más cuerda
memorias de doña Marta.

PASTRANA

Según eso, a buena cuenta
seremos en esta danza
Don Quijote y Sancho Panza,
parando de venta en venta.
¿No ves que estar en Illescas
agora no es buen discurso,

---

[11] En el texto: *possea*, anota Juliá.

que es la fiesta y el concurso
de damos y damas frescas,
donde vendrá a darte enojo
algún mercader de vidas,
cuyas varas son medidas[12],
y en mirando dan mal de ojo?
Había ocasión agora,
a medida del deseo,
pues toda la Corte veo
que se parte a la Mamora[13];
y con cualquier capitán
pudieras ir disfrazado;
que a un distraído soldado
no le conoce Galván[14].

Don Felipe

¿Piensas que no me da pena
el no hallarme en ocasión
de gozar ésa?

Pastrana

Es razón,
que para un mancebo es buena.

Don Felipe

¡Valor natural de España!
¡Lealtad y obediencia grande!
Pues sin que el Rey lo mande,
la ocasión los desengaña.

---

12 *mercader de vidas:* alguacil, en juego de palabras sobre el doble uso de la palabra *vara,* símbolo de autoridad e instrumento para medir usado por los mercaderes de telas.

13 *la Mamora:* Puerto de la Mamora, en las costas de Marruecos. Véanse notas 15 y 61.

14 *Galván.* Alusión al conocido romance II de Gaiferos:

Vámonos, dijo mi tío,
a París, esa ciudad,
en figuras de romeros
no nos conozca Galván...

Y los que llenos de olores
de galas, fiestas y gustos,
no tratan sino de injustos
si la ocasión los convida,
celos, prendas y favores;
salen tan bien enseñados,
como si fueran soldados
de Flandes toda su vida.

PASTRANA

El señor don Luis Fajardo[15]
viva mil años, que es gloria
de España, y quede memoria
de capitán tan gallardo;
y salga Jarife o Muza[16]
con la morisca galgada
a probar lo que es su espada;
que él los dará en caperuza[17].

(LÓPEZ, *criado, de camino.)*

LÓPEZ *(Al salir.)*

Así queda bien, que a todo
sabe acudir Juan Florín.

DON FELIPE[18]

Un hombre viene.

---

[15] General español, clave de la lucha con los piratas en el Mediterráneo. Vencedor en 1609, frente a la Goleta de una agrupación de naves turcas, holandesas e inglesas, cinco años más tarde, el 6 de agosto de 1614, ocupaba el puerto de la Mamora, a nueve leguas de Larache, escala ambos de corsarios ingleses y holandeses en el paso de la flota de Indias.

[16] *Jarife* o *Muza*. Nombres genéricos utilizados popularmente como sinónimos del plural 'árabes', o más concretamente 'moros'. El nombre histórico del sultán de Fez, Muley Cidán, no se consigna en la comedia.

[17] *dar en caperuza*. «Darle a alguno un golpe en la cabeza haciéndole mal; y traslaticiamente, darle alguna pesadumbre o hacerle alguna molestia» (*Dic. Aut.*).

[18] En el texto: *Pastrana*. Corrige Juliá.

PASTRANA

El ruin
teme pantanos sin lodo[19].
No es sospechoso: yo llego.—
Señor hidalgo, ¿es soldado
de la Mamora?

LÓPEZ

Criado
a lo menos de don Diego
de Silva.

PASTRANA

¿Y a qué has venido
a Illescas? Deseo saber...

LÓPEZ

He venido aquí a traer
jaeces, que le han pedido
dos hidalgos a mi dueño;
y aunque Juan Florín es hombre
que su cuidado y su nombre
florece, que no es pequeño,
he venido yo en su carro
por no hacer falta a la fiesta,
que es mañana.

PASTRANA

Y la respuesta
es de ese ingenio bizarro.
Pero ¿qué don Diego es ése,
que no le he visto jamás?

LÓPEZ *(Aparte.)*

Aún no le importunan más
a un necio a que se confiese.—

---

19 *pantano*, fuera de su acepción, más corriente, significó 'dificultad', 'estorbo' o 'peligro', que se presenta en la consecución de un asunto. La frase entera viene a significar: «el ruin teme o ve peligros donde no existen ni indicios de ellos».

(Alto.)

Digo que son dos hermanos
nobles, don Diego y don Juan
el uno y otro galán,
y entrambos buenos cristianos.

DON FELIPE

¿Son casados?

LÓPEZ

Pretendientes
de dos hermanas muy bellas,
que en sustancia son doncellas,
sabe Dios los accidentes.
Llámanse Marta y Lucía,
con su don en cada una.
Adiós, que es cosa importuna
preguntar tanto en un día.

PASTRANA

Oígase.

LÓPEZ

Voy a buscar
posada, que han de venir
las damas, y a prevenir
mucho que hay que aderezar.

DON FELIPE

¿Pues vienen ellas con ellos?

LÓPEZ

Ellas con su padre vienen,
y ellos también, que previenen
la ocasión por los cabellos.
Vienen delante y desean
verse juntos dos a dos.

Pastrana

Adiós.

López

Adiós.

(Vase.)

Don Felipe

Plegue a Dios
que vengan y no las vean.

Pastrana

¿Hay celambre?

Don Felipe

No; bien sé
que entrambas a dos me miran
con cuidado y que suspiran,
aunque a su hermano maté,
por mí; y quisiera, por Dios,
que algún galán conquistase
a la una, y me dejase
con la mayor de las dos.

Pastrana

Otros vienen.

Don Felipe

¿Y quién son?

Pastrana

Dos viejos, un mozo, y más
damas, y gente detrás.
Vámonos, que es confusión.

Don Felipe

Mal irme de aquí podré.
Y más viniendo mi dama.

PASTRANA
Descansa, pues, en la cama,
mientras viene.

DON FELIPE
Así lo haré.

(Vanse.)

(DON GÓMEZ, *viejo*; DOÑA MARTA; DOÑA LUCÍA; *una criada*; *el* CAPITÁN URBINA, *viejo*; el ALFÉREZ, *su sobrino*.)

DON GÓMEZ
¡Señor Capitán Urbina!

CAPITÁN URBINA
¡Famoso don Gómez mío!
Ya mi contento imagina
que en mi pecho falta el brío
para esta gloria divina.
No cabe en mí tanto bien;
repartidle en vuestro pecho,
aunque el vuestro es mío también,
que ya quedo satisfecho
y rico de ver tal bien.
De Indias traigo ganados,
caro amigo, cien mil pesos,
que allá llaman ensayados[20],
y para tales sucesos
vendrán muy bien empleados:

---

[20] *pesos ensayados*, «Ensayar: en España usamos este término en el examen que hacemos del oro y plata y los demás metales» *(Cov.)*. Se llamaban así por antonomasia los pesos procedentes de las Indias. En *Por el sótano y el torno*, escribe Tirso: *y a la viuda ha prometido ... / para la primera flota / que es el novio perulero / diez mil pesos ensayados* (Acto I).

todos los rindo[21] a los pies
vuestros y de vuestras prendas,
pues dellas su dueño es.

DON GÓMEZ
Habla, hija, no suspendas
tu afición para después.

DOÑA MARTA
Por la parte que me alcanza
de esa merced, mi señor,
os pido con la esperanza
que se debe a tal favor,
esas manos.

CAPITÁN URBINA
Alabanza
sois de España. Permitir
y vos me pidáis las manos
o es bien, si os he de servir.

DOÑA MARTA (*Aparte.*)
Cumplimientos cortesanos,
¡qué bien que sabéis fingir!

DON GÓMEZ
Luego que supe de vos
que aquí estábamos de asiento,
vine a veros con los dos
ángeles, con que contento
vivo, agradecido a Dios.

(*Al* CAPITÁN, *aparte.*)

En Illescas, donde estáis,
por fin de las fiestas todas
con que al fin me festejáis,

---

[21] En el texto: *rindió*. Corrige Juliá.

celebraréis vuestras bodas
con la que más deseáis.
No he dicho nada a quien es
obediente a mi deseo:
basta avisalla después.

ALFÉREZ *(Aparte.)*
Con gusto las miro y veo.
Dichoso es el interés
del oro, pues de mi tío
estiman el casto amor
en más que el juvenil mío.
¡Ay, dinero encantador,
qué grande es tu señorío!

DOÑA MARTA *(Aparte con su hermana.)*
¡Ay, Lucía! Esténse allí,
y hable el viejo con el viejo;
que no sé qué siento en mí.
Dame en tu amor un consejo.

DOÑA LUCÍA
Quisiérale para mí.
Que adoro en mi ausente preso.

DOÑA MARTA
¡Ojalá que ausente éste!

DOÑA LUCÍA
Si le da muerte este exceso,
Marta, en mí ejecutaré
la sentencia del proceso.

CAPITÁN URBINA
No es razón que descanséis;
que venís al tiempo crudo
de las fiestas. Si queréis
vellas, vamos.

Alférez *(Aparte.)*
¡Ay desnudo
amor! Vencido me habéis.
Si es ésta doña Lucía,
a su luz soy mariposa.

Capitán Urbina *(A Doña Marta.)*
¿No venís, señora mía?

Doña Marta
Sí, porque toros son cosa
que dan gusto cada día.

Doña Lucía *(Aparte.)*
¡Ay, mi idolatrado ausente!

Doña Marta *(Aparte.)*
¡Que en mí el amar y el temer,
don Felipe, me atormente
y no tenerte presente!

(Vanse.)

(Entrada a la plaza de Illescas, atajada[22] *y dispuesta para una corrida de toros.)*

(Pastrana *y* Don Felipe.)

Pastrana
Menos que en una ventana
o en un tablado, no esperes
verme en el coso.

Don Felipe
Pastrana,
ése es sitio de mujeres,

22 *atajada.* «Atajar, vale también acortar, reducir a menos algún espacio, sitio o terreno, limitándole y estrechándole» (*Dic. Aut.*).

o de hombres de agua y lana[23];
aguardemos una suerte
aquí, y cobrarás por fuerte
nombre y blasones eternos.

PASTRANA

No, hermano, que suerte en cuernos
tiene la punta en la muerte.

DON FELIPE

Deja aquesa impertinencia,
que a no tener experiencia
de tu humor y valentía,
dijera que es cobardía
ésa.

PASTRANA

Yo te doy licencia
que como quieres los nombres,
como no estemos aquí.

DON FELIPE

Tú, que te comes los hombres,
¿temes una bestia?

---

23 *hombres de agua y lana.* En la tercera parte de la obra del Arcipreste de Talavera, que «tracta de las complisiones de los ombres», se analizan los cuatro caracteres fundamentales *–sanguino, colérico, flemático, malencónico–* como dependientes de los cuatro componentes de la naturaleza: aire, fuero, agua y tierra. Y dice de los flemáticos: «Ay otros que son flemáticos, húmidos, fríos, de su naturaleza de agua. Estos tales son tybios, nin buenos para acá, nin malos para allá, synon a manera de perezosos e ninglígentes; que tanto se les da por lo que va como por lo que viene; dormidores, pesados, más floxos que madera», etc. (*Arcipreste de Talavera.* Edición de Mario Penna, Torino, pág. 137). *De lana* es con seguridad una nota de cobardía y afeminamiento, como individuo más apto para hilar lana en la rueca que vestir el hierro de la armadura: *Hombre de lana* frente a *hombre de armas.*

PASTRANA

Sí,
por más que deso te asombres.
Reñir con dos o con tres
hombres, muchas veces es
honra, y no temeridad,
porque con facilidad,
por valiente o por cortés,
se libra, y más cuando alcanza
la experiencia de las tretas
con que nos dejó Carranza[24]
líneas oblicuas y retas,
dando ciencia a la venganza.
Puede un hombre, si acosado,
riñendo, de otro se ve,
decir: «Yo he experimentado
que vive en vuestra mercé
todo el valor abreviado.
Por serville y aplacalle,
ni rondaré aquesta calle,
ni hablaré a doña Mencía;
y si de la amistad mía
gusta, vendré a acompañalle
desde [h]oy.» Y si es caballero,
oblígale el buen hablar;

---

[24] El Comendador Jerónimo de Carranza, autor del libro *De la filosofía de las armas* (Sanlúcar, 1569), junto con el famoso maestro de armas Luis Pacheco de Narváez (*Libro de las grandezas de la espada*, Madrid, 1600), tecnificaron hasta convertir en pura geometría una práctica de acción renacentita expresada, v. gr., en el *Morgante*, de Pulci (VII, 59). Las alusiones satíricas a las *levadas, líneas, posturas y tretas* de la ciencia matemática de la esgrima desarrollada por los dos tratadistas, se convierten en tópico barroco. La más famosa sátira, la de Quevedo en *El buscón* (cap. VIII). La satírica constatación de que una práctica de caballeros había degenerado en una utilización rufianesca, la vemos en las alusiones cervantinas de *El rufián viudo*.

si es capeador[25], el dinero,
si es valentón, el quedar
por más valiente y más fiero;
en fin, siempre hay esperanza,
por más enojo y venganza
que al más colérico obligue,
si es hombre que se mitigue
con dineros o crianza.
Pero, ¡un toro!, cuando deja
la capa que despedaza,
y a las espaldas aqueja
al dueño, dándole caza,
llega tú y dile a la oreja:
«Señor toro, la nobleza
ilustra la fortaleza;
corte la cólera un poco,
que es propio del necio
el dar siempre de cabeza»;
y verás como repara,
si tu[26]amistad le prometes
y luego vuelves la cara,
abriéndote dos ojetes
por detrás de a media vara.

DON FELIPE

Cobardía es muy discreta.

PASTRANA

No admito yo, aunque me brindas
con tu inclinación inquieta,
cólera que en vez de guindas,
se aplaca con guindaleta[27].

---

[25] *capeador:* «El ladrón que sale de noche a quitar capas a los que andan por la calle» (*Dic. Aut.*).

[26] En el texto: *su* (Juliá).

[27] Alusión a las propiedades medicinales que se atribuían a las guindas en juego de palabras con *guindaleta,* «cuerda de cáñamo gruesa», utilizada para izar cosas muy pesadas o para sujetar animales de gran fuerza.

Don Felipe (*Mirando adentro.*)
Escucha, que a aquel balcón
sale hermosa bizarría.

Pastrana
¡Fanfarrona ostentación!

Don Felipe
¡Pastrana! Doña Lucía
y mi Doña Marta son.
¡O[h] sol con madejas de oro,
que de la noche el silencio
rompes, y enjugas mi lloro;
desde aquí te reverencio,
y como el indio, te adoro!
Desde aquí el alma te escribe
desta ausencia los enojos,
en que muere cuando vive,
estafetas son los ojos;
la carta, Marta, recibe,
y responde el dulce sí
que mi firme amor te ruega.
Amigo Pastrana, di
lo mucho que la amo: llega.

Pastrana
¿Desde dónde?

Don Felipe
Desde aquí.

Pastrana
¿Estás borracho?

Don Felipe
Haz la salva
que merece su hermosura,

pues sale en su oriente el alba[28].
Di mi amor y fe segura.

PASTRANA

¡Qué buena fe si se salva!

DON FELIPE

¿No le dirás algo?

PASTRANA

Aparta.
Marta, que perlas ensarta,
si se las compra el platero,
Marta, martillo o mortero;
pues le ves, cócale, Marta[29].

(*Música de dentro.*)

¿Qué es aquesto?

---

[28] *hacer la salva*, saludar y dar la bienvenida a alguien disparando arcabuzazos o cañonazos. Es señal de amistad y pleitesía. El sol –doña Marta– ha salido, como el alba por oriente al amanecer. Compárese con el uso casi análogo de la expresión, aplicada explícitamente al amanecer, que aparece en *El condenado*: «Cuando el alba / cubre las esmeraldas de cristales / haciendo al sol la salva.»

[29] *cocar*, «Hacer cocos o gestos para causar miedo y espanto, como hace la mona para poner miedo a los muchachos porque no la hagan mal» (*Dic. Aut.*). Entre la serie de frases hechas y proverbios en los que el nombre de Marta figuraba como apelativo de la mona, era la más popular, probablemente, la de «cócale, Marta», como la registra Covarrubias en su definición de *cocar*. Pero el verbo significaba, también, metafóricamente, «agradar, captar la benevolencia o ganar la voluntad a alguno» (*Dic. Aut.*). En doble juego de los dos significados, siempre con intencionalidad chistosa, lo empleará repetidamente Tirso en la presente obra.

Don Felipe

La señal
de soltar toro.

Pastrana

Pues suelto
las piernas.

Don Felipe

¿Vaste?

Pastrana

¡Y qué tal!

Don Felipe

Mal por tu opinión has vuelto.

Pastrana

Peor vuelve un animal
cuando alcanza en la carrera.

Don Felipe

Segura está esta barrera.
Rejón hay y también lanza.
Espera.

Pastrana

Mala esperanza
tiene el que en la muerte espera.

Don Felipe

¿Quién es éste del rejón?

Pastrana

No le conozco.

Don Felipe

¡Buen talle!

Pastrana

Y el toro ¿es barro?[30]

---

[30] *¿es barro?* Expresión utilizada para exaltar algo o alguien cuyos merecimientos parecen disminuidos en la opinión de los presentes. En *Desde Toledo a Madrid*, el protagonista enumera

DON FELIPE

Un león
parece.

PASTRANA

¡Mas que ha de dalle,
y si le alcanza, topetón!

(*Dentro todos.*)

¡Hucho ho![31]

PASTRANA

¡Que guste España de ver
fiesta tan fiera y maldita!

(*Dentro todos.*)

¡Válgate Dios!

PASTRANA

El correr,
vidas guarda y capas quita.

---

burlescamente sus supuestas posesiones y méritos, para concluir:

Quedábaseme un lechón
tamaño como un borrico,
además del racionero
de Murcia, que dije ya,
¿Es barro esto? (Acto III).

[31] *¡Hucho ho!:* Interjección empleada en la fiesta de toros que gritaba el público animando al animal. En *El retablo de las maravillas,* Changalla se lo grita al imaginario toro de su fingido retablo, como obligada nota ambiental, y Quevedo empleó la interjección como sinónimo mismo de toro: *Convirtióse en* «¡Hucho-ho!» / *el mismo dios [Júpiter] por Europa* (*Obras completas,* I, Ed. J. M. Blecua, Barcelona, 1963. Comp. 669). Otra descripción de una fiesta de toros, relatada «desde fuera», puede leerse en las primeras escenas de *La lealtad contra la envidia,* comedia histórica de Tirso.

Don Felipe

Ea: el del rejón se pone
a punto.

Pastrana

Aunque más blasone,
temo, sólo de mirallo,
que ha de morir a caballo.

Don Felipe

¡Buen aire!

Pastrana

Dios le perdone
si le arrima medio cuerno,
porque el que muere, es notorio,
aquí, por su mal gobierno,
que sin ver el purgatorio,
se va derecho al infierno.

(Suenan dentro cascabeles, como que corren caballos.)

Don Felipe

Ya los dos están enfrente,
toro y caballo, y la gente
se suspende por mirallo.

(Dentro todos.)

¡Bravo golpe!

Don Felipe

Del caballo
cayó.

(Dentro todos.)

¡Jesús! Hombre, tente.

PASTRANA

Que le mata.

DON FELIPE

Aquí me llama
una venturosa suerte.

PASTRANA

¿Suertes haces en Jarama?[32]
Morirás.

DON FELIPE

¿Qué mejor muerte
que a los ojos de mi dama?

(Vase, revuelta la capa al brazo, y la espada desnuda.)

PASTRANA

¿Viose más desatinada
temeridad? Con la espada
desnuda, la capa embraza,
y dando ojos a la plaza
la bestia acomete airada.

---

[32] *Jarama:* esto es, con toros bravos del Jarama, los utilizados con más frecuencia en las fiestas cortesanas de toros, ejercicio de caballeros en el XVII, que se efectuaba a la usanza de los actuales rejoneadores.

Escribe Vélez de Guevara, a propósito del Conde de Santillana: «gran cortesano, galán y palaciego, airoso caballero de la plaza, crédito de sus aplausos y alegría de sus Reyes; que esto confiesan los toros de Tarifa y Jarama cuando cumplen con sus rejones» (*El diablo cojuelo*, Tranco VII). El toro criado en las riberas del Jarama vino a significar en ocasiones, por concreción semántica, al animal en sí: *El animal que en Jarama / cornadas sabe pacer...* (Quevedo, Romance 782, Ed. de Blecua, ob. cit., pág. 1057).

[33] *cierra*, 'ataca', verbo popularísimo en esta acepción por la pervivencia del grito de combate de los ejércitos medievales castellanos: ¡Santiago, *cierra*, España!

¡Gran esfuerzo y gentileza!
El toro cierra[33] con él.

(*Dentro todos.*)

¡Golpe extraño!

Pastrana

¡Gran destreza!
Digno es de español laurel.
Cercenóle la cabeza;
y, la bestia en la arena
caída, della levanta
al caballero, que ordena
dalle por ayuda tanta
los brazos que ya encadena
en su cuello.

(Don Felipe, *desnuda la espada, limpiando la capa al* Alférez, *que sale con él.*)

Alférez

Otras mil veces,
amigo, me vuelve a dar
los brazos.

Don Felipe

¡Qué en tal lugar
y a tal ocasión pareces
después de tan larga ausencia!
Alférez, ¡que he merecido
gozar tu noble presencia!

Alférez

El mar del sur ha podido
dar riendas a la paciencia,
como a la esperanza engaños,
para que al fin de diez años
fuese, don Felipe amigo,
deudor yo propio y testigo
hoy de tus hechos extraños.

DON FELIPE
¿Qué tanto habrá, Alférez mío,
que estás aquí?

ALFÉREZ
Aún no ha un mes.

DON FELIPE
¿Vive el capitán, tu tío?

ALFÉREZ
La sangre del interés
anima su cuerpo frío.
Trae más de cien mil ducados,
y tan mozos los cuidados,
que aunque a su vejez ofende
como a su salud, pretende
casarse.

DON FELIPE
¡Bien empleados
dinero y años, si son
del matrimonio despojos!

ALFÉREZ
Amigo, en aquel balcón
me llaman, donde unos ojos
me han robado el corazón.
Subid conmigo que allí
la vida agradecerán
que me habéis dado.

DON FELIPE (*Aparte.*)
¡Ay de mí!

ALFÉREZ
Las dos hermanas que están
en él ¿conocéislas?

DON FELIPE
Sí.

ALFÉREZ

Pues la mayor ha de ser
yedra de aquel tronco viejo,
que ha merecido tener
su lado, y con ser su espejo
de acero, en él se ha de ver[34]:
y yo soy de la menor
menor criado, y mayor
en amalla.

DON FELIPE (*Aparte.*)

Yo soy muerto.
¡Ay, Alférez! ¿Eso es cierto?

ALFÉREZ (*Alto.*)

Tan cierto como mi amor.
Esta noche se desposa
con mi tío, Doña Marta.
¡Ved qué lirio con qué rosa!

DON FELIPE (*Aparte.*)

Antes un rayo le parta
y dé muerte rigurosa.

ALFÉREZ

Subid conmigo al balcón,
si sabello deseáis
todo.

DON FELIPE (*Aparte.*)

¡Ay fiera confusión!
antes quiero me encubráis
mi nombre.

---

[34] *y con ser su espejo...*: «Mirarse en uno como en un espejo. Locución expresiva de grande cariño y amor que a otro se tiene» (*Dic. Aut.*). El capitán Urbina es, pues, futuro espejo de doña Marta. La mención inicial de «ser yedra de aquel tronco viejo», alude al valor simbólico de la yedra, como unión amorosa, establecida especialmente con la poesía de Catulo en la poesía española, como en alto ejemplo ofrece Francisco de la Torre.

ALFÉREZ
¿Por qué razón?

DON FELIPE
Porque el andar encubierto
me importa hasta que me parta.

ALFÉREZ
Pues ¿qué ha sucedido?

DON FELIPE
He muerto,
de la hermosa doña Marta
un hermano, y sé por cierto
que me buscan con cuidado.

ALFÉREZ
¿Dónde os partís?

DON FELIPE
A Sevilla.

ALFÉREZ
Si mi hacienda y el sagrado
que ofrece en aquesta villa
la imagen que el ser le ha dado,
os importa, entre los dos
cumplimientos lisonjeros
seránlo sólo por vos.
¿Habéis menester dineros?

DON FELIPE
No: andad, que os llaman.

ALFÉREZ
Adiós.

(Vase.)

PASTRANA
Pues, mata-toros, locura
ha sido aquesta extremada.

DON FELIPE

Si sientes mi desventura,
mátame, saca esa espada.

PASTRANA

¿Matar yo? ¿Soy calentura?
¿Hay ya casquera?[35] ¿Qué pasa?

DON FELIPE

Que doña Marta se casa.

PASTRANA

Que cásese en hora buena.
¡Bobazo!, ¿eso te da pena?

DON FELIPE

Cuando la envidia me abrasa
de los celos, y me quejo
como ves, ¿me hablas ansí?
¡Bien contigo me asonsejo!

PASTRANA

¿Cuándo es la boda?

DON FELIPE

¡Ay de mí!
Esta noche ¡y con un viejo!

PASTRANA

Tu venganza satisfizo
quien tan mala elección hizo.

---

[35] *casquera*, derivación tirsista, de intencionalidad cómica, del «tener buenos cascos», en el sentido metafórico de «tener poco juicio». Casquera, de *cascos*, pudo formarlo Tirso a semejanza de *casquetada*, derivado de otra significación de casco, esto es, *casquete*. Si *casquetada* significaba acción irreflexiva, realizada sin atender consejo alguno, *casquera* vendría a significar «dar muestras de tener escaso juicio» (María del Pilar Palomo, ed. cit.).

Habrá barba betunada,
tos, catarro, orina, ijada[36]
y mucho diente postizo.
Bien tu venganza acomodas.

DON FELIPE
Más así mi mal refrescas.

PASTRANA
Será, con quien hace bodas.
Como las casas de Illescas,
que de viejas se caen todas.
Anda acá, amigo: a Sevilla,
que una ausencia quiere dar
a amor, que es niño, papilla.

DON FELIPE
Aquesta noche he de estar...

PASTRANA
¿A ver tu sentencia?

DON FELIPE
A oílla.

PASTRANA
¿Y si te prenden?

DON FELIPE
Jamás
me vio el avariento padre
de doña Marta.

---

[36] *ijada:* 'costado'. Se alude repetidamente en los textos del XVII al mal de ijada, o dolor de costado, fuese cualquiera su causa. Pero comúnmente se emplea la expresión aplicada a dolencias de la vejez. Mariana, mujer del Vejete, lo aduce como causa de divorcio: «El invierno de mi marido y la primavera de mi edad; el quitarme el sueño, por levantarme a media noche a calentar paños y saquillos de salvado para ponerle en la ijada...» (Cervantes, *El juez de los divorcios*).

Pastrana

Y tendrás,
en viéndola, mal de madre[37]:
y luego alborotarás
la casa, y donde los toros
triunfan, como eres valiente,
habrá cristianos y moros.

Don Felipe

¿Tienes temor?

Pastrana

No a la gente,
sino a los truenos y toros.

Don Felipe

Pues ven, que la fiesta toda
tengo de abrazar[38], por Dios.

Pastrana

Si un alguacil no lo enloda,
haciéndonos a los dos
las vacas de aquesta boda[39].

---

[37] *mal de madre*. La afirmación es en absoluto burlesca, ya que el mal así denominado era específicamente femenino. Sin embargo, la irónica afirmación de Pastrana, se comprende a la luz del consejo que da Celestina a Areusa (acto VII) para aliviarse de su mal.

[38] *abrazar*, en su acepción de 'luchar a brazo partido', 'derribar'. Véase...: «y arremetiendo a su amo se abrazó con él a brazo partido, y echándole una zancadilla, dio con él en el suelo boca arriba...» (*Quijote,* Parte Segunda, Capítulo LX).

[39] *las vacas...*, es decir, las víctimas, y a que la vaca era el componente principal de la *olla*, típica y casi obligada comida de la época. Cita Covarrubias: «¿Vaquita tenéis? Acá me quedo»; éste es dicho que le atribuyen a hidalgos pobres, que no hacen olla si no es por gran fiesta y se arriman a donde hallan entrada, aunque no los conviden. Dicho proverbio parece rondar la mente de Pastrana.

(Vanse.)

*(*DOÑA MARTA, DOÑA LUCÍA, *el* ALFÉREZ, *el* CAPITÁN URBINA *y* DON GÓMEZ.*)*

DON GÓMEZ (*A* MARTA.)
Querida hija, vuestra edad me obliga
a daros rico y merecido esposo,
de cuyo largo amor el curso siga
lo que pide su intento generoso.
Excusado es que os pinte, Marta, y diga
los méritos del dueño valeroso,
porque, las prendas del señor Urbina,
muestran todo el valor que se imagina.

DOÑA MARTA (*Aparte.*)
¿Sus prendas dijo? Luego... prenda suya
es el sobrino.

ALFÉREZ (*Aparte.*)
Pienso que mira,
porque en sus ojos y en su lengua arguya
que por mi edad y mi valor suspira.
¡Dichosa mi afición si fuera tuya.
Lucía hermosa!

DOÑA LUCÍA (*Aparte.*)
Temo que es mentira,
y sueño lo que veo y no lo creo.
Cásese Marta, y cumpla mi deseo.

DON GÓMEZ
Viene el señor Urbina por extremo
rico de Indias, hija, y sólo tiene
el sobrino que ves.

DOÑA MARTA (*Aparte.*)
Miralle temo,
porque a su nuevo amor no me condene.

ALFÉREZ (*Aparte.*)
Ella me mira y yo me abraso y quemo
por mi Lucía, cuando no conviene
que elija a doña Marta el gusto mío,
siempre obediente al de mi viejo tío.

(DON JUAN *y* DON DIEGO, *como de noche,*[40]
[*y hablan aparte*].)

DON JUAN
No me ha costado poca diligencia
saber, don Diego, el punto a que he venido,
destas dos damas la primera ausencia,
que tan dañosa a mi esperanza ha sido.

DON DIEGO
Casallas quiere el padre con violencia.

DON JUAN
No es en eso prudente, aunque atrevido,
que en este tiempo no parece justo
casar las hijas contra el propio gusto.
Mas ¿cásase también doña Lucía?

DON DIEGO
Yo sospecho que sí.

DON JUAN
Mucho me pesa,
que si la una es vuestra, la otra mía.
Quiero decir en la amorosa empresa.

DON GÓMEZ
Así que, Marta cara, estima el día
en que tan gran aventura se interesa;
que el señor capitán y prendas suyas
quiere ser dueño amado de las tuyas.

---

40 *como de noche:* en hábito o vestido de noche, en el que la capa era elemento obligado.

(DON FELIPE *y* PASTRANA, *como de noche, y hablan aparte.*)

DON FELIPE
Esto ha de ser.

PASTRANA
Es mucho atrevimiento.

DON FELIPE
Digo, Pastrana, que aunque muera al punto
tengo de estar presente al casamiento,
pues ya me tiene su temor difunto.

CAPITÁN URBINA
Declarad, mi señora, el sentimiento
de vuestro parecer, pues todo junto,
mi esperanza, mi bien y mi desvelo,
en vuestro dulce sí le cifra el cielo.

DOÑA MARTA
Aunque el señor Alférez es un hombre
de tantas partes, tal valor y fama,
que como decís ganó renombre
con los indios; y al fin me estima y ama;
y aunque el señor su tío con el nombre
le ilustra, y a su herencia al fin le llama,
y con tanto valor el suyo obliga,
digo...

DON GÓMEZ
¿Qué?

DOÑA MARTA
Que no sé lo que me diga.

CAPITÁN URBINA
¿Pues qué tiene que ver mi sobrino
honrado y noble para ser el dueño

de vuestro dulce amor, si dél es digno
mi crédito y valor, aunque pequeño?
Yo soy el que casarme determino.

DOÑA LUCÍA

¡Vos, mi señor!

CAPITÁN URBINA

Yo, pues.

DOÑA LUCÍA

Parece sueño
esa esperanza, que entre verdes años
viene llena de amor como de engaños.

PASTRANA (*Aparte.*)

¡Que a una muchacha casen con un viejo!
Maldiga Dios vejez tan seca y verde.

DON DIEGO (*A* DON JUAN.)

No ha seguido su padre buen consejo.

DON JUAN (*A* DON DIEGO.)

Ella de pena la paciencia pierde.

DOÑA MARTA

Pues aunque yo pudiera, no me quejo
deste rigor.

DON FELIPE (*Aparte.*)

Cuando de mí se acuerde
no dará el sí.

DOÑA MARTA (*Aparte.*)

Cuando a Felipe adoro
de mi amor vencedor como del toro,
¡en vez mi padre de su abril, me ofrece
ese caduco enero! ¡Buen empleo!

CAPITÁN URBINA
Proseguir, mi señora, si merece
un sí tan esperado mi deseo.

DOÑA MARTA
Vuestra hacienda y valor mucho merece...
Mas ¡ay de mí! que a don Felipe veo.

(*Llégase a ella embozado* DON FELIPE.)

DON FELIPE (*Aparte, a* DOÑA MARTA.)
¡Ah, cruel, en buen riesgo mi amor pones!

(*Vuelve a donde estaba.*)

PASTRANA (*Aparte.*)
Si es potro[41] el casamiento, nones, nones.

CAPITÁN URBINA
¿Qué decís, mi señora?

DOÑA MARTA
Sea testigo
el que quisiere serlo y escucharme.
El capitán Urbina es noble... y... digo
que, con ser él quien es, no he de casarme.

DON GÓMEZ
¡Qué dices!

DOÑA MARTA
No mi gusto en esto sigo,
sino el del cielo sólo, que obligarme
puede a que no me case en esta empresa,
si es digno de guardalle una promesa.

DON FELIPE (*A* PASTRANA.)
¡Ella me ha visto ya!

---

[41] *potro*, 'tormento'.

Doña Marta (*Aparte.*)

Yo soy perdida;
mas conservando el alma la esperanza
que tengo en don Felipe, no me pida
mi padre y su interés hacer mudanza.

Don Gómez

¿Quién te ha podido hacer tan atrevida?
Tú darás a mi cólera venganza,
o el sí debido al capitán, que es justo.

Alférez

Señor...

Don Gómez

¡O morirá o hará mi gusto!

Doña Marta

Espera, padre y señor,
y escúchame como juez
de mis palabras y voces,
la verdad, si es justa ley.
Soy mujer de mi palabra,
que la guardo, aunque mujer.
Heredera de tu sangre,
y de tu hacienda también,
nací en Madrid, y sin madre
desde niña me crié;
pero con inclinación
virtuosa como ves.
Hasta agora no he mostrado
la obligación de mi fe,
que la edad no me obligaba,
ni tu amor o tu interés.
Agora mis confesores
me mandan, señor, que dé
razón a mi pensamiento.
Oye, y responde después.

DON FELIPE (*A* PASTRANA.)
¿Qué novedades son éstas?

PASTRANA (*A* DON FELIPE.)
Enredos deben de ser,
si no es que se vistió el alma
esta mañana al revés.

DOÑA MARTA
Yo, señores, me casara,
porque me estaba muy bien,
por su mucha hacienda y ser;
que las mujeres discretas
no habemos de pretender
sino dinero, que amores
no valen nada sin él;
más pluguiera a Dios pudiera;
que a no faltarme el poder,
me casara dos mil veces,
si no bastara una vez.
Pero los años pasados,
que agora se cumplen seis,
por librarme de un peligro,
que no declaro el que fue
[de castidad hice voto][42],
y pienso que lo he de ser
hasta que en la virgen tierra
me entierren a la vejez.

DON GÓMEZ
Hija, en negocios tan graves
y que tocan a tu fee,
yo no puedo resolverme,
sin que tome parecer.
Demos a Madrid la vuelta;

[42] «Este verso fue hipótesis de Eugenio de Ochoa, en su edición del *Tesoro del Teatro Español*, y lo aceptó Hartzenbusch. Falta en el texto de 1638» (Ed. de Juliá).

que hay teólogos en él
que mi conciencia aseguren.

DOÑA MARTA
Permítamelo Dios, amén.

DON JUAN (*Aparte.*)
Admirado voy.

DON FELIPE (*Aparte a* DOÑA MARTA, *que se halla inmediata a él.*)
¿Qué es esto?

DOÑA MARTA (*Aparte a* DON FELIPE.)
Yo te lo diré después.

DON DIEGO (*A* DON JUAN.)
Venid, don Juan, que en Madrid
averiguaré lo que es.

PASTRANA (*Aparte.*)
Todos vamos más confusos
que la torre de Babel.

DON GÓMEZ
¿Que castidad prometiste?

DOÑA MARTA
Sí, señor (*Aparte.*) Yo sé con quien.

ACTO SEGUNDO

(*Sala en casa de* Don Gómez, *en Madrid.*)

(*El* Capitán Urbina *y* Don Gómez.)

Capitán Urbina

Quise venirme de asiento
a la corte por saber
qué suceso ha de tener,
don Gómez, mi casamiento.
Tenía yo imaginado,
siendo doña Marta mía,
casar a doña Lucía
con mi sobrino, soldado
de las banderas de amor,
si de las de Marte ha sido
Alférez...

Don Gómez

Ha sucedido
todo al revés.

Capitán Urbina

Mi temor
lo adivinó.

Don Gómez

Doña Marta
tan mudada y otra está,
que tengo escrúpulo ya,

si por mi ocasión se aparta
 de su determinación.
que el cielo no me castigue.
Con notable extremo sigue
su nueva reformación.
 En todo es otra: no gasta
seda, que dice la inquieta:
una ropa de bayeta[43],
ni muy fina, ni muy basta;
 una basquiña a lo llano
que llamaban de [capillo][44].
Un descanso en un puntillo[45]
rematado; en el verano

---

[43] *bayeta*: «tela de lana muy floxa y rala» (*Dic. Aut.*). Se utilizaba fundamentalmente para trajes eclesiásticos, y en las prendas de luto. Su bajo precio y su melancólico empleo inspiró a Quevedo la diatriba que le lanza en su *Matraca de los paños y sedas*: «material de jergones / y de camisas de payos»... «la llamó sepulturera / y gala de los finados»... «Capa negra del ahorro / y gravedad de guiñapos.» Se contrapone, pues, la austeridad de la bayeta al *luto galán* del primer acto.

Ropa, una especie de hábito suelto y largo que cubría las demás prendas, pero no la cabeza. Así dirá una dama en *El Villano en su rincón* (Acto I): «Mi *ropa, basquiña* y *manto* / guante y dorado chapín...», como prendas de uso cortesano y de lujo.

[44] *basquiña*: «ropa o saya que traen las mujeres desde la cintura al suelo, con sus pliegues que en la parte superior forman la cintura y por la parte inferior tienen mucho vuelo» (*Dic. Aut.*). *Basquiña de capillo*, la realizada en «seda de todo capillo», o sea la seda «basta y muy gruesa que no tiene lustre» (*Dic. Aut.*). En el texto: *La usava de cilicio* (Juliá).

[45] *descanso*: «cierto adorno mujeril» (*Dic. Aut.*). Más exactamente, una clase de *tocas*, tal como la cita Montalbán en *La toquera vizcaína*:

...porque hallaréis
tocas de reina y beatillas [propias de mujeres recoletas]
gasas, velos y espumillas
y otras muchas; ¿cuál queréis?

FLORA

¿Traes algún descanso? (Acto II).

un abanico sin plata,
y en invierno una estufilla[46]
de felpa o de cabritilla,
que abriga y es más barata;
éste es su traje. Ya no ama
galas, que está reducida:
sólo no muda de vida
en el comer, ni en la cama:
pues aunque está tan perfecta,
por más ejemplos que tome,
mientras haya perdiz, no come
vaca.

Capitán Urbina

Por Dios, que [es] discreta.

Don Gómez

Yo, capitán, gustaría,
porque el amor he notado
que el Alférez ha cobrado
desde que vio a mi Lucía,
que se casasen los dos;
que el dote que la he ofrecido
con la hacienda que ha traído,
y la que espera de vos,
le dará, a lo que imagino,
la vida que deseáis;
y más si en casa os quedáis
vos, como vuestro sobrino;
pues, casándose Lucía,
doña Marta podrá ser
que mude de parecer,
y en ella la envidia haría
lo que consejos no han hecho.

[46] *estufilla:* «manguito pequeño hecho de pieles finas» (*Dic. Aut.*). De martas preferentemente.

CAPITÁN URBINA

El Alférez quedará
honrado, y me dejará
obligado y satisfecho,
si en vuestra hija mejora
mi esperanza: él está ausente,
que viendo pasar la gente
de la corte a la Mamora
desde Illescas se partió
con el duque de Maqueda,
que el valor y sangre hereda
del padre a quien sucedió.
Ya no tardará, que ha un mes
que se partió; yo os prometo
que en viniendo tenga efeto
su amor.

DON GÓMEZ

Importará, pues,
porque aunque Marta se trata
como veis, no hay persuadilla,
ni con razón reducilla
a ser monja o beata.
Dice que no ha de casarse,
por el voto y devoción,
ni admitir dispensación,
aunque pudiera dispensarse,
ni tomar nunca otro estado,
sino sólo el de doncella.

CAPITÁN URBINA

¡Triste vida!

DON GÓMEZ

No hay vencella.

CAPITÁN URBINA

Ni es carne ansí ni pescado.
Mas si el Alférez se casa,
podrá ser mude opinión.

Don Gómez
¡Melindrosa condición...!
Y mísera vida pasa.
Pero ¿no es él el que viene?
El Alf[é]rez es.

Capitán Urbina
¿Qué espero?
Los brazos abiertos quiero
recibillo, que ya tiene
a buen presagio mi amor
el ver el tiempo a que vino.

(*El* Alférez, *de camino, muy galán.*)

Don Gómez
¡Famoso Alférez!

Capitán Urbina
¡Sobrino!

Alférez
¡Don Gómez noble! ¡Señor!

Don Gómez
Murmurábamos los dos
de vuestro olvido y tardanza
no ha un momento, y en venganza
venís a volver por vos.
¡Traéis salud?

Alférez
Y contento
de que los dos la tengáis.

Don Gómez
¡Gran soldado! Enamoráis
con tantas plumas al viento,
con las hazañas a Marte,
y a Amor con la bizarría.

CAPITÁN URBINA

Yo sé una doña Lucía
que si alguno le da parte
de vuestra alegre venida
le ha de dar albricias buenas.

ALFÉREZ

Si ausencia es madre de penas,
su memoria las olvida.
¿Qué se dice por acá
de la Mamora?

DON GÓMEZ

Quimeras,
para el vulgo verdaderas,
que es quien crédito las da.
Mas, pues vos habéis venido,
sabed la verdad aguardo
del blasón de aquel Fajardo
que en África ha merecido
ser Cipïón[47], y en Madrid
alcanza renombre inmenso.

ALFÉREZ

Yo os contaré por extenso
la verdad del caso: oíd.
Pagaba el sol la posada
con el oro que se viste
al signo sexto, que es Virgo,
si en el sexto hay signo virgen,
y el antípoda de enero
a Ceres y a Baco pide
parias, con cuyos esquilmos
techos cuelga y trojes hinche.

[47] Publio Cornelio Scipión, llamado *el Africano*, por su victoria sobre los cartagineses, en la batalla de Zama. Para constatar la veracidad histórica del relato que comienza, auténtica información periodística, véase Gustavino Gallent, Guillermo, *La toma de la Mahamora relatada por Tirso de Molina*, Larache, 1939.

Quiero decir, que era agosto;
que no puedo persuadirme
a que den gusto romances
con máscara de latines,
cuando el ilustre Fajardo,
faja o zona con que ciñen
los cielos sus diez esferas,
porque su nombre sublimen,
gozoso de que hayan puesto
las banderas de Felipe,
la cruz de España en Larache
cueva de piratas viles,
y deseosos de ver
que el padre Océano goce
sus costas y puertos libres,
quiso desembarazar
un rincón de infames tigres,
que asaltan los vellocinos[48]
que en oro a España el Sur rinde,
y, labrando en la Mamora
un fuerte casi invencible,
corta esperanzas y pasos
a moros y pichelingües[49].

---

48 *vellocinos.* Alusión a la mítica empresa de los Argonautas en busca del aludido vellocino de oro. Se emplea en término comparativo con el oro americano que, traído a España por la flota de Indias, era botín incesante de la piratería inglesa y holandesa.

49 *pichelingües:* Hartzenbusch comentaba: «Si, *pechelingüe* se formó, como parece, de las palabras *speech english*, significará o significaría en un principio *ingleses*» (BAAEE, Tomo V, pág. 449). Pero en otro lugar decía: *Pichelingüe* aquí parece que significa *pirata*; otras veces quizá equivale a *hereje* y siempre es voz despreciativa, aplicable sólo a extranjeros» (pág. 128 b). Gustavino Gallent observa que «en la costa occidental de África se llama *pichininglis* a la jerga hablada por indígenas y marineros de todos los países, en sus relaciones mutuas. Tirso emplea dicha palabra en distintas ocasiones en que alude a piratas, y dándole quizá por sinónima del holandés» (Ed. de Juliá, página 61).

Juntó para aquesta empresa
en las columnas de Alcides[50]
cien velas entre navíos,
galeras y bergantines,
y con siete mil soldados,
dignos de que el sol los envidie,
sin la chusma y gastadores,
izaron velas sutiles.
Gallardetes y banderas
verdes, rojas y turquíes,
retozando con los aires,
dieron al viento tapices;
y porque no se escuchase
si el mar con los remos gime,
sus peces sordos oyeron
la salva de los clarines.
Vio el espumoso elemento
en sus ondas mil pensiles[51]
juzgando galas y plumas
por cármenes y jardines;
y dando vista a Larache,
de cuyas murallas rinden
salva en partos mustruosos
culebrinas y esmeriles,
llegaron de la Mamora
una legua: y porque impide
tomar tierra el agua escasa
del mar soberbio, allí humilde,
dieron fondo en aquel puesto,
y luego en él los reciben
dos navíos [h]olandeses

---

[50] *Columnas de Alcides* o Hércules: Cádiz. Véase *Cómo Hércules puso las columnas en el fin de la tierra* (Cap. XXII de la *Segunda parte del teatro de los dioses de la Gentilidad* de Baltasar de Vitoria, Madrid, 1619).

[51] *pensiles:* jardín colgante, como los célebres de Babilonia. Por extensión, todo jardín delicioso.

que el mar enfrenan con diques.
Dellos supo el General
que en el puerto estaban quince
naves que, a herejes corsarios
ayudando al moro sirven;
y el victorioso Fajardo,
a pesar de los Caribdis[52],
con que arte y naturaleza
hacen el paso imposible,
tomó tierra, siendo en ella,
porque seguro la pise,
los primeros que soltaron
cuatro navarros que rigen
otras tantas compañías,
y de quien la fama escribe
hazañas, que en bronce y jaspe
la memoria inmortalice.
Salió Agar[53] a la defensa,
y al son de sus añafiles[54]
cubrió los montes y prados
de botones carmesíes;
e impidiendo al sol la luz
las saetas que despiden
los arcos que dio la guerra,
si el cielo a la paz dio el iris,
estorban que desembarquen
los argonautas insignes
que el non plus ultra extendieron

52 *Caribdis:* Alusión a los peligros de Scila y Caribdis, enamoradas mitológicamente, que, sepultadas en el estrecho de Sicilia y convertidas en horribles monstruos, provocaban el naufragio de los barcos que lo atravesaban, tal como relata Homero (*Odisea,* canto XII). En el texto, *caribdis* viene a significar «escollos y peligros de la navegación».

53 *Agar,* 'los árabes' o 'agarenos' descendientes de Agar, la esclava de Abraham.

54 *añafil:* «instrumento músico a manera de trompeta derecha y demetal que usaban los moros» (*Dic. Aut.*).

desde Cádiz hasta Chile[55].
Mas viendo la multitud
de bárbaros, que resiste
con voces y con saetas
que España al África pise;
el de Fernandino y Elda
[H]éctor éste, aquél Aquiles,
y los dos dignos que canten
sus hechos hispanos cisnes,
puestas en tierra las proas
de las galeras, que humildes
al hipócrita retratan,
escupen plomo y salitre.
No guardaron el refresco
que se conserva en barriles[56]
los idólatras de la Meca,
ni osaron hacer el brindis
de los tiros la razón;
porque confusos y tristes
huyen, dejando en la playa
mil moros muertos, que sirven
a las pelotas de chazas[57],

---

[55] Nueva alusión a los mitos de Hércules y los Argonautas. Escribe Baltasar de Vitoria: «...llegando a nuestra España [Hércules], y pareciéndole que allí se acababa la conquista del mundo, junto a Cádiz, puso aquellas dos famosas columnas, y en ellas escribió aquel letrero: *Non plus ultra*»... «Y Gerónimo Ruchelo, en el *Libro de sus Iustres Empresas*, en la del invicto Emperador Carlos Quinto trata de esto mismo, que como se sabe este gran príncipe tomó por empresas estas mismas columnas con la misma letra, quitándole el *non*, y quedando el *plus ultra*, porque en su dichoso tiempo se descubrió el Nuevo Mundo de las Indias Occidentales...» Véase como ampliación la nota 36 de *El Burlador*.

[56] Alusión a la pólvora.

[57] *chazas*, expresión del juego de la pelota. El punto donde se detiene la pelota por un contrario o la señal que se deja en ese punto para, finalizada la partida, poder contar las *chazas*

que con su vil sangre tiñen.
Y entrando sin resistencia
los españoles felices
en el fuerte, entonces flaco,
temerosos aperciben
sus moradores piratas
las heréticas cervices,
porque en su sangre blasfema
las espadas se maticen;
y dando principio al fuerte
porque eterno se edifique,
los que ayer Hércules eran,
hoy se vuelven albañiles.
Doscientos mil y más moros
los nuestros pocos resisten;
que no asombran tantos, donde
fuerzas españolas viven.
Pelean mientras trabajan,
y al mismo punto que esgrimen
con las diestras las espadas,
las izquierdas, porque admire
su valor, la cal y arena
aplican, y hazañas miden
con tareas, siendo a un tiempo
capitanes y alarifes[58].
Llueven las nubes de Agar
alarbes que al cerco asisten;
creyendo ganar por hambre
lo que las fuerzas resisten;
y el valeroso Fajardo
a España y su Rey escribe
el suceso, y pide gente
que sus victorias anime.
Ofreció al momento el Betis

habidas en el juego. En este caso, el número de cadáveres es el número de chazas o jugadas ganadas, siguiendo el símil.

[58] *alarife*, maestro albañil.

hijos valientes que piden
al mar, mientras les dan naves,
que los pasen sus delfines.
Al fin, la Bética toda,
hasta los hijos de Ulises[59],
al socorro van ligeros,
como a la presa los tigres.
Llegó la nueva a la Corte,
y para que no peligren
principios tan venturosos,
parando en trágicos fines,
dio nuestro Monarca muestras
de que desea y se sirve
que la Mamora socorran
sus cortesanos insignes;
y apenas mudas señales
conceptos del alma exprimen,
cuando antes que por palabras
su gusto el Rey signifique,
dejan ánimos gallardos
regalos del Dios de Chipre[60],
que con llamas criminales
abrasa pechos civiles.
Mis títulos y encomiendas
truecan [h]arpas por clarines
y cajas, porque a su son
sus hipogrifos relinchen:
Mil soldados pretendientes,
cuyos hechos invencibles
quieren la paz que en papeles

---

[59] *hijos de Ulises,* los portugueses. Véase nota 36 de *El Burlador.*

[60] *Dios de Chipre:* «el amor», Eros o Cupido, hijo de Venus, nacido cerca de Chipre de la espuma de las olas. En la isla de Chipre, en torno a Pafos, el más célebre santuario consagrado a Venus, el culto de la diosa del amor alcanzó notable importancia.

mal despachados se cifren,
despiertan al son de Marte,
y los aceros que ciñen
se desenvainan sin manos
de la cárcel en que viven.
Llevólos el de Maqueda[61],
mar-queda, sangre Manrique,
saliendo por él de madre
a los Cárdenas su estirpe;
y partiéndose con ellos,
tuve por honra el seguirle;
que es justo que tal cabeza
nobles intentos obligue.
Llegamos a la Mamora
brevemente, y nos reciben
sus soldados tan alegres,
como sus contrarios tristes.
En varias escaramuzas
dio España muestra infalible
de la ventaja que hace
al africano su origen;
hasta que un lunes dichoso,
cuando el alba llora y ríe,
porque la marchita el sol
sus claveles y jazmines;

---

[61] A este momento aluden los versos 63-65, en que se cita al Duque de Maqueda. El acto primero se sitúa pues, antes del 3 de agosto de 1614, en que don Luis Fajardo partió de Cádiz al frente de la Armada española, según documentan los versos 427-456 del acto I. El segundo, tras el regreso de la expedición de refuerzo al mando del Duque de Maqueda. En ambos pasajes se alude a la aparente frivolidad de los caballeros cortesanos, pero que truecan «olores, galas, fiestas y gustos» para convertirse en soldados experimentados. Sería interesante a este respecto comparar las aventuras cortesanas, bien poco edificantes, del Duque de Maqueda o del de Fernandina (verso 221), por ejemplo, con el valor y gallardía —justísimos históricamente— con que aquí les adorna Tirso.

impaciente un moro alcaide
de que en España se glorie
que contra el África toda
cruces alce y lunas pise;
después que a todos los moros,
entre otras afrentas, dice
que cuelguen, en vez de alfanges,
ruecas de los Tahelíes[62],
en una yegua alazana
que el viento a carreras mide,
y una lanza de dos hierros,
que en temblar el aire es mimbre,
manda tocar al asalto,
siendo el primero que embiste
a los no acabados muros,
más defendidos que firmes;
apeóse, y por la lanza
trepó hasta llegar a asirse
a los bordes de la cerca;
y por más que todos griten:
«Muera el temerario alarbe»[63],
del brazo izquierdo desciñe
una bandera celeste
con tres lunas donde pinten
su amor menguante los celos;
y con presteza increíble,
derribando la cruz roja,
que el valor español rige,
del muro abajo, y en su asta
fijando lunas viles,
enarboló su estandarte,
y volviendo a abajar, dice:
«El que quisiere vengar

[62] *taheli* o *tahalí:* «Un cinto o cincho ancho que cuelga desde el hombro derecho del cual hoy día los turcos cuelgan sus alfanjes» *(Cov.).*

[63] *alarbe*, 'árabe'.

aquesta afrenta y ver libre
la cruz que a pesar de España,
Alá a mis plantas permite,
baje, que buena escalera
le dejo, porque eternice
en campaña, y no entre muros,
la fama su nombre insigne.»
Oyó entre otros la arrogancia
que el moro a voces repite,
un Osorio, peón dos veces,
pues labrando el muro riñe;
y tirándole una piedra,
el golpe fue tan felice,
que sembrándole los sesos,
el mundo vio dos Davides.
Bajó luego por la lanza,
y porque en todo le imite,
con su alfanje, de los hombros
la infiel cabeza divide;
y alzando la cruz del suelo,
por más flechas que le tiren,
con su tafetán sagrado
los valientes hombros viste.
Cercóle la multitud,
y mientras él los resiste,
redondillas de repente
los verbos de bronce miden,
y desbaratados todos,
las espaldas femeniles
vuelven al cristiano campo,
que victorioso los sigue.
Quedó libre la campaña,
y trocando en menestriles
el ronco son de los parches,
para que se regocijen,
vuelven al fuerte triunfando,
y el gran Fajardo divide
los despojos que a sus plantas

el moro blasfemo rinde.
Fortificóse la fuerza;
y ya, viéndose despedirse
los nobles aventureros,
quise con ellos partirme,
y alcanzando del despojo
dos mil moriscos cequíes[64],
a daros desta victoria
la nueva, y los brazos, vine.

DON GÓMEZ

Decislo, Alférez, tan bien,
que si en las hazañas fuistes
Áyax sin lengua y con manos,
en contallas sois Ulises[65].

CAPITÁN URBINA

Vos seáis muy bien venido;
y el Rey que gobierna y rige
las dos esferas o mundos,
bárbaros cuellos humille.

ALFÉREZ

Mi señora doña Marta,
¿cómo está?

DON GÓMEZ

La vida sigue
y opinión en que quedó
cuando de Illescas partistes.

---

[64] En el texto: *caquies* (Juliá). Moneda de oro entre los árabes.

[65] Los aludidos héroes homéricos se tomaban por el prototipo del valor unido a la tosquedad el primero y del ingenio el segundo. La expresión: *sin lengua y con manos* se documenta tradicionalmente, desde el *Cid:* «Lengua sin manos, —quomos osas fablar—?»

Alférez

¡Gran cosa! ¿Y su hermosa hermana?

Don Gómez

Más bizarra y apacible,
ausencias dicen que llora
y de su hermana se ríe.
Mas, quedo, que doña Marta
es ésta.

Alférez

¿Anascote viste?[66]

Capitán Urbina

Ha dado notable vuelta,
si no es ya que son melindres[67].

(Doña Marta, *vestida como se ha dicho, y* Doña Inés.)

---

[66] *anascote:* tejido de lana poco refinado. Se usaba generalmente para mantos o hábitos religiosos.

[67] *melindres:* Cierta pasta hecha de azúcar, harina y huevos, de que se forman unos bocaditos en figura de rosquillas, corazones y otras cosas» (*Dic. Aut.*). Eran famosos los melindres de Yepes. Se utilizó el vocablo como sinónimo de objeto pequeño y primoroso o significando «la afectada o demasiada delicadeza en las acciones y el modo» (*Dic. Aut.*), o, más concretamente, *ñoñerías* en sentido peyorativo o *escrúpulos.* En el doble sentido de objeto primoroso y *delicadeza moral,* lo emplea Tirso en *Desde Toledo a Madrid* (acto I), al decir de unas zapatillas femeninas: *Traiga este melindre al pecho / quien le calza y no en los pies.* La «dama melindrosa» es un tipo cómico de empleo usual en los comediógrafos. La actriz que representa a Doña Mayor (*Desde Toledo a Madrid)* deberá hablar «muy a lo melindroso» en una escena. Lope utilizará ampliamente el tipo en *Los melindres de Belisa.* Y Cervantes, en su caricaturesca sátira de *El rufián viudo,* ha convertido las ñoñerías de la damita cortesana en los fingidos aspavientos de una prostituta.

DOÑA MARTA
(*Aparte, a* DOÑA INÉS, *al salir.*)

Vi a don Felipe en el prado
llegar, la color perdida,
por la mudanza de vida
con que a mi padre ha engañado;
pero viendo que no osaba
hablarme por el respeto
que en este traje prometo,
le dije que le adoraba
tanto, que por su ocasión
andaba desta manera;
pues si estoy devota, él era,
mi imagen de devoción.
Y como a mi hermano ha muerto
y el temor desto le avisa,
lo que permitió su prisa
le hablé, y quedó de concierto
de venir a hablarme aquí
con un ingenioso enredo,
que mientras hablabas...

DOÑA INÉS (*Aparte a* DOÑA MARTA.)

Quedo,
que están los viejos aquí.

DOÑA MARTA (*Aparte.*)

Pues repúlgome. Dios sea

(*Alto.*)

con vuesas mercedes.

DON GÓMEZ

Hija,
¿de dónde vienes?

DOÑA MARTA

Prolija
ha sido nuestra tarea.

Del hospital general
venimos, señor, las dos,
de ver los pobres de Dios
y dar alivio a su mal.

DON GÓMEZ

Aunque yo, Marta, os consienta
que en eso os ejercitéis,
ha de ser como no deis
a vuestros deudos afrenta.
Una mujer como vos
no ha de andar por hospitales
curando asquerosos males
y haciendo camas.

DOÑA MARTA

¡Ay, Dios!
Porque en esto me ejercito,
¿me riñen? A ser liviana,
y estar siempre en la ventana
¿qué dijeras? ¿Es delito
visitar el hospital,
que le riñes como a vicio?
¿No se emplea en este oficio
la gente más principal?

DON GÓMEZ

Hazte beata y después
haz, Marta, lo que gustares;
pero así es bien que repares
en lo que dirá después
la gente.

DOÑA MARTA

No determino,
aunque ese estado es tan santo,
estrecharme, padre, tanto;
yo voy por este camino;
déjeme con mi opinión.

DON GÓMEZ

Cásate, pues, y casada,
más segura y más honrada,
seguirás tu inclinación;
que el Capitán gustará
de este empleo y ese oficio.

CAPITÁN URBINA

Ese devoto ejercicio
mi sol y espejo será.

DOÑA MARTA

¿Y el voto de castidad?

DON GÓMEZ

Con una dispensación
pues fue simple tu afición,
cumplirás mi voluntad.

DOÑA MARTA

¡Dispensación! No la nombres,
que si verdad he de hablarte,
de unos días a esta parte
me parecen mal los hombres.
¡Jesús! ¡Y qué mala cosa!
¿Yo casada? Ni por pienso.

DON GÓMEZ

No llores; basta.

DOÑA MARTA

¿Ese censo
me echabas?

ALFÉREZ (*Aparte.*)

¡Qué melindrosa
se ha vuelto!

DOÑA MARTA

Llévolo mal.

CAPITÁN URBINA
Quitadle al sol el capote,
y no os caséis.

DOÑA MARTA
Con mi dote
pienso hacer un hospital.
y curar pobres en él.
Si verme viva deseas,
padre, déjame, y no seas
en esto estorbo cruel.

DON GÓMEZ
Haz, hija, lo que quisieres;
no des voces, bueno está.
No te diré cosa ya,
a trueco que no te alteres.
De lo dicho me ha pesado:
ve a hospitales, haces bien.

DOÑA MARTA
Dios se lo perdone, amén,
que, en verdad, que me ha enojado.

DON GÓMEZ (*Aparte, al* CAPITÁN.)
Seguille quiero el humor;
que yo sé que en el que está,
bien presto le mudará.

CAPITÁN URBINA
Eso juzgo por mejor.

DON GÓMEZ (*A* DOÑA MARTA.)
¿Cómo no hablas al sobrino
del Capitán, que se apea
agora, y verte desea?

DOÑA MARTA
¿Luego viene de camino?

DON GÓMEZ

¿No sabes que a la Mamora
se partió?

DOÑA MARTA

No había mirado
en tanto. Como he dejado
cosas del mundo, que ignora
las de Dios, no le eché en menos.
¿Venís bueno?

ALFÉREZ

Y espantado
de la virtud que os ha honrado.

DOÑA MARTA

Dios sabe los que son buenos.

DON GÓMEZ

Venid, Alférez, daréis
con vuestra vista a Lucía,
sin prevenilla, un buen día.

ALFÉREZ

Si dármela a mí queréis,
¿por qué me la dilatáis
viendo que el alma le aguarda?

CAPITÁN URBINA

El bien que viene, no tarda.

DON GÓMEZ (*A* DOÑA MARTA.)

¿Quédaste?

DOÑA MARTA

Mientras que estáis
ocupados, es forzosa
por acá otra ocupación
de piedad y devoción.

Don Gómez
Eres, hija, muy piadosa.

(Vanse. Quédanse las dos solas.)

(Sale Pastrana.*)*

Pastrana
Besando a vuesas mercedes...

Doña Inés
¿Qué?

Pastrana
Las manos.

Doña Inés
¡Socarrón!
Flemáticas manos son,
pues en el beso te quedes.

Pastrana
Pues en cualquier suceso,
¿qué venta puedo yo hallar
donde no pueda quedar
con más gusto que en un beso?
¿Cómo va de novedad?

Doña Marta
Linda sangre y humor cría,
Pastrana, la hipocresía.
Nunca tuve libertad,
mientras que viví a lo damo,
pero agora si intentaba
salir fuera, me costaba
una riña; ya no llamo
a la dueña, al escudero,
ni aguardo la silla y coche,

ni me riñen si a la noche
vuelvo: voy a donde quiero.

PASTRANA

Desde que hablaste a tu amante,
quedó en turrón transformado,
alajú por lo picado[68],
por lo dulce de Alicante.
Hame persuadido, en fin,
un enredo con que entrar
a verte, que me ha de dar
nombre de Corozaín[69],
porque dice que fingiendo
que de Sevilla he llegado,
y soy un don Juan Hurtado
que de los godos desciendo,
hable a tu padre y le [diga][70]
que en Sevilla queda preso
don Felipe y un proceso
de dos muertes le fatiga;
y que teniendo noticia

---

[68] *alajú:* «Pasta hecha de almendras, nueces (y alguna vez piñones), pan rallado y tostado y especie fina, unido todo con miel subida de punto» (*Dic. Aut.*). Juego de palabras entre lo *picado* de la pasta y *picado*: el individuo que arde en deseo amoroso. La voz, propiamente, alude a los animales que están en celo, pero se empleaba —y así lo hace Tirso en infinidad de ocasiones— para indicar el amor y deseo intenso en las personas. En *La villana de la Sagra*, por ejemplo, ese juego de palabras se ampliará a otras acepciones: el *picar* de las abejas; *picarse* o encenderse de amor, y *picarse* o enfadarse y enojarse. En *La villana de Vallecas* se emplea en la forma sustantiva *picón*.

[69] *corozaín*. Nombre derivado de *coroza*, especie de cucurucho afrentoso colocado sobre la cabeza de ciertos delincuentes, que eran así pasados en público. Uno de los delitos de tal manera publicados era el de alcahuetería, que cumple con el significado del texto.

[70] *dixe* en el texto (Juliá).

que a don Antonio mató,
y luego a Sevilla huyó,
me ha enviado la justicia
con comisión, a que haga
información verdadera:
y si dalle muerte espera,
para que se satisfaga
la venganza que procura,
por mi orden despachará
el proceso, y quedará
por este modo segura
su vida y nuestra maraña:
y otras mil cosas que aquí
han de llover sobre mí
porque el demonio me engaña.

Doña Marta

Traza ha sido de los dos,
Pastrana, y tan importante,
que con tu ayuda mi amante
entrará en casa.

Pastrana

Por Dios,
que va temiendo Pastrana,
si por su ocasión le gozas,
una sarta de corozas;
pues claro está que tu hermana
si él en tu casa ha de estar,
le tiene de conocer.

Doña Marta

Su prisión le da a entender,
que yo lo sabré engañar.

Pastrana

Bien podré, que no me ha visto
en su vida.

Doña Marta

Todo está
de mi parte.

PASTRANA

Y yo soy ya
Celestino de Calisto[71].

DOÑA MARTA

No es pequeño galardón,
si miras en interés.

PASTRANA

¿Cuál?

DOÑA MARTA

Ser tuya doña Inés.

PASTRANA

¿Mía?

DOÑA INÉS

Tuya, socarrón.

PASTRANA

¿Y habrá melindre doncel?

DOÑA INÉS

Lo que se usa.

PASTRANA (*Remedando.*)

«Estése quedo.—
Aparte que me da miedo.—
No pellizque, mal haya él.—
Sea cortés si tiene amor.—
¿Mas que este chapín le arrojo?
No cheo... ¡A fee si me enojo!...—
Mire que vendrá el señor.»

DOÑA INÉS

¿Ya es malo eso?

---

[71] Alusión, por ligera similitud de circunstancias, a los personajes de *La Celestina.*

PASTRANA

Estando en folla[72]
no me alumbro a luz de pajas,
ni como las zarandajas[73],
si no es tumbando la olla.

(*A* DOÑA MARTA.)

A tu padre voy a hablar.

DOÑA MARTA

El amor te ayude, amén.

PASTRANA

¡Lindo santo!

DOÑA MARTA

Prima, ven.

PASTRANA (*A* DOÑA INÉS.)

En fin, ¿nos hemos de amar?

DOÑA INÉS

Sí.

PASTRANA

¿A lo rubio?

DOÑA INÉS

A lo mulato.

---

[72] *folla.* Traslado al lenguaje amoroso de un término propio de los torneos, cuando «después de haber torneado cada uno de por sí con el mantenedor, se dividen en dos cuadrillas y unos contra otros se hieren tirando tajos y reveses sin orden ni concierto, que verdaderamente parecen los unos y los otros estar fuera de sí» *(Cov.)*. Es decir, «estando enardecido, en plena lucha amorosa, no me contento con minucias».

[73] *zarandajas.* Cosas menudas y secundarias, dependientes de otras más importantes. Así pues: «no me conforme con menudencias si no es alcanzado lo principal por añadidura».

PASTRANA

¿Habrá arrullo?

DOÑA INÉS

Y chicolío[74].

PASTRANA

En fin, ¿soy tuyo?

DOÑA INÉS

Y muy mío.

PASTRANA

Mío es requiebro de gato.

(*Vase.*)

(DON GÓMEZ, DON DIEGO *y* DON JUAN.)

DON GÓMEZ

Estimo yo en el alma este respeto
que a su fama y mi casa habéis guardado,
porque no es digno amante ni discreto
quien no descubre y muestra su cuidado;
que guardar a los padres el secreto
es robar y usurpar disimulado
el amor a su dama: es falso gusto,
atrevida afición y amor injusto.
Ya sabréis, caballeros, que en la corte
público pienso que es, cómo ha mudado
mi hija doña Marta, cielo y norte,
dejando galas y escogiendo estado:
no hay humana razón que la reporte
ni persüada: galas ha dejado,
y aunque mi hacienda casi toda hereda,
joyas arroja y menosprecia seda.
Será imposible en la ocasión presente

74 *chicolío*, o chicoleo: burla, gracejo, donaire...

persuadilla a aceptar ningún esposo,
mientras desta opinión, quizá aparente,
no muda parecer más provechoso:
ansí que doña Marta no consiente
el un extremo de ese amor honroso,
ni puede dar el sí doña Lucía
por pedilla un indiano, sangre mía.
  Y porque temo vuestras justas quejas,
no aguardo la respuesta ni me atrevo;
que ablanda el alma amor por las orejas,
y oír sin remediar, nunca lo apruebo.
Adiós, señores.

DON DIEGO
Con rigor nos dejas.

DON GÓMEZ
Saben los cielos el pesar que llevo;
mas ¿qué he de hacer, si en forzoso empeño
no quiere Marta, y tiene Lucía dueño?

(*Vase.*)

DON JUAN
Don Diego, triste quedáis.

DON DIEGO
Y estarlo con causa puedo.

DON JUAN
También yo sin prenda quedo.

DON DIEGO
Vos con esperanza estáis.

DON JUAN
¿Cómo?

DON DIEGO
Posible sería
deshacer el casamiento

y mudar de pensamiento,
amándoos doña Lucía;
mas doña Marta que es [santa] está...

DON JUAN

¿Santa?

DON DIEGO

Ya lo empieza a ser.

DON JUAN

Como yo fraile; es mujer
que uno reza y otro canta.
¡Qué presto se os encajó
esto de la santidad!

DON DIEGO

Su padre dijo verdad.

DON JUAN

Su padre, sí; su hija, no.
¿No llaman Marta a la mona?

DON DIEGO

Sí.

DON JUAN

Aunque se vista de seda
la mona, mona se queda;
y así esa buena persona
es mona de hipocresías,
y se quedará por tal
y vos por un animal,
si creéis sus monerías.

DON DIEGO

A la experiencia lo dejo.

Don Juan

Es Marta disimulada
zorra, que no vale nada
la carne, sino el pellejo.
Engañe ella en otras partes,
que, en fin, para mí será
mal agüero, porque va
muy poco de Marta a martes.

(*Vanse.*)

(Don Gómez, Doña Lucía, Doña Marta *y* Doña Inés.)

Don Gómez (*A* Doña Lucía.)

¿Que os han dicho, decís vos,
que está don Felipe preso
en Sevilla? ¡Gran suceso!
Mi venganza cumpla Dios.

Doña Lucía

Señor, sí, en Sevilla queda
preso el que mató a mi hermano.

Don Gómez

Castigue Dios al tirano.

Doña Marta

No le castigue, aunque pueda.

Don Gómez

¡Qué decís vos!

Doña Marta

Yo, señor,
que en conciencia, y para abono
de mi alma, le perdono
y que el matalle es rigor.

DON GÓMEZ

No es contra la justa ley
dar la muerte a un enemigo:
Dios es quien hizo el castigo,
y, después de Dios, el Rey.
Pero lo que siento más
es que esa nueva es dudosa;
que persona cuidadosa
no la descubrió jamás;
antes dicen que es ardid
el haberse publicado
que está preso, y se ha quedado
y aún anda oculto en Madrid.

DOÑA LUCÍA

Doña Marta me lo dijo.

DON GÓMEZ

¿Cómo lo puede saber?

DOÑA MARTA

¿Cómo? ¿Pues soy yo mujer
que miente? Deso me aflijo
presto el mentir se declara,
por más que el que miente jura;
que el mentir es calentura
del alma, y sale a la cara.
Un hidalgo que venía
a pedir albricias hoy,
me dio esas nuevas, y estoy
con mucha melancolía;
pues con ser tal su delito,
quisiera por compasión,
no matasen ni a un mosquito.

(*Mirando hacia la puerta por donde sale* PASTRANA.)

Pero ya el cielo defiende,
porque no padezca en algo

la verdad: aqueste hidalgo
me lo dijo, del lo entiende.

(*Sale* Pastrana.)

Pastrana

Pienso que es vuesa merced
el señor don Gómez.

Don Gómez

Sí:
yo lo soy, y recibí
desta visita merced,
y quise esperarla en casa.

Pastrana

Digo, señor, que en Sevilla
prendieron, y es maravilla
que gente que vive y pasa
con título de valientes,
se prenda ansí, a un caballero,
un don Felipe, extranjero,
destos que matan las gentes;
y aunque se honre y aventaje
en lo que toca a jactancia,
tan soberbia es su arrogancia,
cuanto humilde su linaje.

Doña Marta

¡Jesús! ¡Qué mala palabra
en el mundo introducida!
La humildad, de Dios querida,
la que más coronas labra,
¡se ha de dar por deshonor!
Quitadle al nombre esa tilde:
no es afrenta el ser humilde,
que la humildad da valor.

Don Gómez

Hija, déjanos aquí,
no nos prediques más, Marta.

DOÑA MARTA

Padre, la soberbia aparta,
que aquesto me importa a mí.

DOÑA LUCÍA (*Aparte.*)

Es muy grande socarrona
mi hermana, o muy recogida.
No me pago de su vida,
por más virtud que pregona;
que aunque no tan adornada
como yo, en fin, se deleita,
y algunas veces se afeita,
y así es virtud afeitada[75].

PASTRANA

En fin, señor, yo venía
a juntarle los procesos,
estilo antiguo de presos,
que se usa cada día.
Hanme dicho que os ha muerto
un hijo; importa tener
el proceso y el poder,
y el castigo será cierto.

DON GÓMEZ

Vos seáis enhorabuena
venido, porque en efeto
de vuestro trato discreto
depende el fin de mi pena.
Por vuestro pliego y por vos
enviaré el proceso y digo
que os he de ser muy amigo,
si por vos me venga Dios.

PASTRANA

Con tal nombre quedo honrado.

[75] *virtud afeitada*, fingida, hipócrita, como el rostro que con los *afeites* —maquillaje— finge una belleza que no posee.

Don Gómez

Apartaos a hablar aquí.

Doña Marta

Doña Inés, bueno va.

Doña Inés

Sí.

Don Gómez

¿Y el nombre?

Pastrana

Don Juan Hurtado,
con pestañas de Mendoza.

(*Aparte,* Don Gómez *y* Pastrana; *a otra,* Doña Inés *y* Doña Marta, *y a otra, sola,* Doña Lucía.)

Doña Lucía (*Aparte.*)

En notable confusión
nos ha puesto esta prisión.

Don Gómez

¡Honrados títulos goza!

Pastrana

Este orden ha de haber.

Don Gómez

Ver ya el efeto querría.

Doña Inés

Tu hermana doña Lucía
temo que lo ha de entender.

Doña Marta

No se puede remediar
todo en una conyuntura;

remítase a la ventura
como el juego del parar[76].
No es muy discreta Lucía,
ni ha de conocerle luego,
que amor engaña y es ciego
y así suceder podría...

DON GÓMEZ

Hijas, ya os podéis llegar.
Marta.

DOÑA MARTA

Dejo intentos locos:
en mi Rosario de cocos[77]
cuenta paso... (*Aparte.*) por contar.

PASTRANA

¡Rosario de cocos!

DOÑA MARTA

Pues
así se llaman: ¿qué quieres,
si hacen cocos las mujeres,
porque anda el mundo al revés?
A lo bueno, en estos días
la devoción va expirando
pues si rezan ya, es cocando
hasta las Ave-Marías.

---

[76] *parar:* «Parar en el juego, poner el dinero contra el otro, que llaman el juego del parar» *(Cov.).*

[77] Nuevo juego de palabras entre los varios significados de las voces, *coco, cocar* y *hacer cocos.* En la nota 29 vimos dos sentidos: los *gestos de la mona* y *coquetear.* Aquí se conjugan ambos con dos nuevas acepciones: *cocos,* «cuentecillas que vienen de las Indias, de color oscuro y con agujerillos, de que se hacen rosarios y otras cosas» *(Dic. Aut.),* y «figura espantosa y fea». Un enlace conceptual y burlesco de las cuatro acepciones lo encontramos en Quevedo: «Si te pidiera rosario de cocos, remítela a unas viejas, ensartadas en coche que como parecen micos, esas le harán cocos al vivo», en cita que registra el *Diccionario de Autoridades.*

PASTRANA

En algunas no son vanos[78]
los cocos, pues si reparas,
muchas, cocos en las caras,
llevan cocos en las manos.

DOÑA MARTA

Profánanse ya las suertes;
ya la devoción es gala.
Traigan todas, noramala,
unos rosarios de muertes[79],
que sirven de centinelas;
que yo desde hoy pienso hacello.

PASTRANA

¿Muertes en rosario al cuello?
Parecerán sacamuelas.

(DON FELIPE, *de pobre estudiante.*)[80]

DON FELIPE

¡A[h] de casa! ¿Hay quién se acuerde
de remediar la pobreza
de un estudiante que empieza
cánones, y el tiempo pierde
por la fiera enfermedad
que mis cursos no consiente?
Dad limosna, noble gente,
si es caridad, calidad.

DOÑA MARTA

Padre y señor, ¿ve ese pobre?
Pues no sé qué compasión
las telas del corazón

---

[78] En el texto: *barros* (Juliá).
[79] *rosario de muertes:* con cuentas formadas por huesos, ya que *muerte* podía utilizarse como sinónimo de esqueleto.
[80] *de estudiante,* es decir, vestido con la sotana y el manteo negros del hábito del estudiante universitario, y sin espada.

no mueve para que cobre
remedio: si un hospital
el cielo hacer me permite,
déjeme que me ejercite
en éste, y cure su mal.

DON GÓMEZ
Dale un cuarto, y váyase,
que en la corte hay pobres hartos.

DOÑA MARTA
Si la limosna haces cuartos,
verdugo tu celo fue.
Echar al pobre ¿es razón?
Al rico avariento imitas:
daréle, pues me lo quitas,
los brazos y el corazón.
¡Ay, pobre de mis entrañas!
Llega al alma que te doy.

(*Abrázale.*)

DON FELIPE (*Aparte a* DOÑA MARTA.)
Marta, mártir tuyo soy:
tu amor hace estas hazañas.

DOÑA MARTA
¡Pobre rico! ¡Prenda mía!

DON FELIPE
Mi bien, mi paz, mi interés.

DON GÓMEZ
¿Abrázasle?

DOÑA MARTA
¿No lo ves?

DON GÓMEZ (*A* DON FELIPE.)
¿Y qué tenéis?

(*Cuando vuelve los ojos, dice esto* Don Felipe.)

Don Felipe
Perlesía[81].

Doña Marta
Mi fee es la que solemniza
este extremo, y aquí es justo.

Don Gómez
Marta, apartaos, que no gusto
de veros tan pegadiza.

Doña Marta
Señor, por amor a mí,
que tenga yo libertad
de curar su enfermedad.

Don Gómez
¡Curar! ¿Cómo o dónde?

Doña Marta
Aquí,
que si amor límites pasa
que el respeto considera,
yo quiero ser su enfermera,
y se ha de curar en casa.

Don Gómez
¿Estás loca? ¿Quién vio tal?

Doña Marta
Padre, si fueres cruel,
yo me tengo de ir con él.

Don Gómez
¿Dónde?

---

81 *perlesía:* debilidad muscular, acompañada de temblor.

DOÑA MARTA
¿Dónde? A un hospital.

DON FELIPE
Yo la enseñaré latín,
señor, si en su casa estoy.

DOÑA MARTA
Inclinadísima soy,
puesto que lectora ruin.
a lo menos a leer
en latín. Porque rezar
sepa, lición me ha de dar:
padre mío, esto ha de ser.

DOÑA LUCÍA (*Aparte.*)
Don Felipe pienso que es.
Su cara es: ¿qué hay que dudar?
A Marta quiero ayudar,
y entablar mi amor después.

DON GÓMEZ
No ha de estar en esta casa, Marta.

DON FELIPE
Señor, ¡por amor de Dios!

DOÑA MARTA
Echaréisnos a los dos.
Veamos quién nos aparta.

(*Abrázale.*)

DOÑA LUCÍA (*Aparte.*)
¿No tenéis celos, Lucía?
Lo que veis, ¿no os causa enojos?

DOÑA MARTA
¡Ay mi pobre!

DON FELIPE (*Bajo.*)
De tus ojos.

DOÑA MARTA
¿Y qué tenéis?

DON FELIPE
Perlesía.

DON GÓMEZ
Idos.

DON FELIPE
(*A* DOÑA MARTA, *que le detiene.*)
¡Yo cosa por fuerza!
No lo permita el Señor.

DOÑA LUCÍA
Padre, parece rigor
el que a tal crueldad te esfuerza.
¿Qué nos importa que esté
un estudiante, que, al fin,
nos podrá enseñar latín?

DON GÓMEZ
Alto: basta. Quédese.

DON FELIPE
Eres noble y eres pío.

PASTRANA (*Aparte.*)
Nombre de pollo le ha dado.

DON GÓMEZ
¿Cómo os llamáis, licenciado?

DON FELIPE
¿Quién? ¿Yo? El dómine Berrío.

DON GÓMEZ

Y el tiempo que bueno estéis,
¿podréis servir a algún fin?

DOÑA MARTA

Deseo yo leer latín.
Decid: ¿no me enseñaréis?

DON FELIPE

Y aun Gramática, hasta tanto
que empecéis a conjugar.

DOÑA MARTA

Siempre que llego a rezar
en las horas a algún santo,
me pesa de no entender
lo que allí se significa.

DON FELIPE

Si acaso el deseo os aplica,
por mí lo podéis saber.

DON GÓMEZ

Alto, pues: dadla lición,
y vamos, señor don Juan,
que el proceso nos darán.

PASTRANA (*Aparte.*)

Todo esto anda en tentación;
pero si della me aparta
mi industria, dándoles vaya[82]
digo, que allá se lo haya
con sus pollos y amor, Marta[83].

---

[82] *dar vaya*, 'hacer burla de alguno'. En *El villano en su rincón*, de Lope (Acto I), dice un personaje: *voy tras ella, porque entiendo / que ya, Finardo, apercibe / la vaya que te ha de dar.*

[83] Alusión al proverbio: «Allá se lo haya Marta con sus pollos.»

(Vanse los dos, DON GÓMEZ *y* PASTRANA.*)*

DOÑA MARTA (*A* DOÑA INÉS, *aparte.*)
Inés, llévame a Lucía
de aquí.

DOÑA INÉS (*A* DOÑA LUCÍA.)
¿No vamos las dos?

DOÑA LUCÍA
Vamos. (*Aparte.*) Yo sabré de vos
después la sospecha mía.

(*Vanse las dos,* DOÑA LUCÍA *y* DOÑA INÉS.)

DOÑA MARTA
¡Mi enfermo!

DON FELIPE
Vanos recelos
asaltan mi corazón,
y como en el alma son
los celos pasados [h]ielos,
siempre que el temor los cría,
sin poderme defender
por tu ocasión vengo a ser
enfermo de perlesía.

DOÑA MARTA
Pues si le sana el calor,
y amor mis deseos abrasa,
perlático de mi casa,
llega al fuego de mi amor.

(Abrázanse, y sale DON GÓMEZ.*)*

(DON GÓMEZ, DOÑA MARTA, DON FELIPE.)

DON GÓMEZ (*Al salir.*)
¡Ansí! Doña Marta, aquel
papel, ¿dónde está?

DOÑA MARTA (*Aparte.*)
¡Ay de mí!

DON GÓMEZ
¡Qué es esto!

(*Desmáyase* DON FELIPE.)

DON FELIPE
Hame dado aquí
este accidente cruel.
Como he estado tanto en pie,
el corazón desfallece.
¡Ay, Dios!

DOÑA MARTA
Ea, que parece
que os desmayáis.

DON FELIPE
¡Ay!

DON GÓMEZ
Tenlé.

DOÑA MARTA
Ayudádmele a llevar,
padre y señor, a la cama.

DON GÓMEZ (*Aparte.*)
¡Hay tal virtud! ¿Quién no ama
a tal hija?

DOÑA MARTA
¿Vuelve a cobrar
la color?

DON GÓMEZ
Pienso que sí.

DOÑA MARTA
Llevémosle los dos, pues.

DON GÓMEZ
No hagáis vos fuerza en los pies.

DON FELIPE
¡Ay, cielo!

DOÑA MARTA
Arrimaos a mí.

DON FELIPE
Tenedme, señora mía;
dadme la mano, señor.

DON GÓMEZ
¿Cómo estáis?

DON FELIPE
Algo mejor.

DOÑA MARTA
¿Qué es lo que os dio?

DON FELIPE
Perlesía.

ACTO TERCERO

(*El* Capitán Urbina, Don Gómez, *el* Alférez *y* Doña Marta.)

Capitán Urbina

El amor que os tengo es tal,
ya no humano, mas divino,
que por seros liberal,
daros luego determino,
para ayuda al Hospital
que hacéis, ocho mil ducados,
que en vos son bien empleados.

Doña Marta

Por uno os dé el cielo ciento,
para que con tal aumento
los gocéis todos doblados.

Capitán Urbina

Escritura os he de hacer
irrevocable, inter vivos.

Doña Marta

¿Hoy?

Capitán Urbina

Al punto.

Doña Marta

Vendrá a ser,
con tan cristianos motivos,

infinito mi placer.
Con doce mil que yo tengo
de dote, si a juntar vengo
vuestros ocho mil, que son
todos veinte, a Salomón
nuevo edificio prevengo.
¡Grande hospital! Buena renta
dejar en él imagino.

CAPITÁN URBINA

Y pues que casarse intenta
el Alférez, mi sobrino,
que a su amor llamas aumenta,
con doña Lucía hermosa,
en premio de tal esposa,
otros ocho mil le doy.

DOÑA MARTA

A Alejandro excedéis hoy[84].

ALFÉREZ

Haga tu vejez dichosa
el cielo, y venzas las vidas
que el mundo vio más cumplidas,
hasta que el siglo dorado
vuelvas a ver[85], y cansado

---

[84] *Alejandro.* Alejandro Magno, arquetipo de generosidad. Cervantes en el Cap. XLVII del *Quijote* alude a varios personajes históricos o literarios, como símbolos topiquistas de un determinado carácter: «Las astucias de Ulises, la piedad de Eneas, la valentía de Aquiles, las desgracias de Héctor, las traiciones de Sinón, la amistad de Eurialo, la liberalidad de Alejandro...», etc.

[85] *siglo dorado* o tiempo que los poetas clásicos atribuyeron al reinado de Saturno, edad dorada de una Humanidad desconocedora de la civilización *(argenteum saeculum),* de los vicios *(ferreum saeculum)* y de la guerra *(aeneum saeculum)* y en contacto puro y feliz con la naturaleza. Fue la utopía nostálgica del cosmopolitismo renacentista, y era creencia popular el retorno futuro de la Humanidad a aquel tiempo feliz.

de vivir, la muerte pidas—.
 ¡Hermosa doña Lucía!
¡Que has de ser esposa mía!

Don Gómez
¿Y de peregrinos quieres
que sea?

Doña Marta
Hombres y mujeres
que a la corte cada día
 vienen pobres, sin tener
adonde hospedarse puedan,
mis huéspedes han de ser,
pues ellos[86] mi hacienda heredan
y yo, aunque sin merecer
 tal bien, seré tan dichosa,
que gaste mi vida entera.

Don Gómez
En esta vida amorosa
tu virtud es de manera,
que eres Marta la Piadosa.
 Toda la Corte te da
este nombre que has ganado.

Doña Marta (*Aparte.*)
¡Ay, Dios! ¡Qué engañada está!—
Hacia la entrada del Prado

(*Alto.*)

me parece que estará
bien el sitio.

(Don Felipe, *con un arte* [*de Gramática*] *en las manos.*)

[86] En el texto: *ellas* (Juliá).

DON FELIPE

A dar lición
¿no venís?

DOÑA MARTA

Sí.

DON GÓMEZ

En conclusión,
¿habéis dado en aprender
Gramática?

DOÑA MARTA

Por saber
lengua de tal perfección,
y que el dómine Berrío
me enseña tan fácilmente,
esto de mi ingenio fío.

DON FELIPE

Declina divinamente
a *hic, haec, hoc*, señor mío.

DON GÓMEZ

Huélgome de ver en ti
tal virtud e ingenio. Agora
¿has de dalla lición?

DON FELIPE

Sí.

CAPITÁN URBINA

¿Y de qué ha de ser?

DON FELIPE

Decora
compuestos de *quis, vel qui*.

Don Gómez
Pues en mi presencia quiero
que decline algo primero.

Don Felipe
Yo sé que os ha de espantar.

Doña Marta (*Aparte a* Don Felipe.)
Mi bien, ¡más que hemos de echar
la soga tras el caldero!
¿Qué es declinar?

Don Felipe
Disimula
y ve conmigo.

Don Gómez
Comienza.

Doña Marta
La turbación me atribula.

Don Gómez
¿No dices?

Doña Marta (*Aparte.*)
Tengo vergüenza.—
Más latín sabe una mula;
marañas de amor astutas.
¿Quién me ha metido en disputas?

Don Gómez
Dadla algún nominativo.

Don Felipe
Decline este relativo.

Doña Marta
Vaya.

DON FELIPE

¿Quis putas? ¿Quœ putas?

DOÑA MARTA

¡Ay, que me ha escandalizado!
¡Jesús, no quiero aprender
Gramática, licenciado!

DON FELIPE

¿Pues por qué?

DOÑA MARTA

Por no saber
latín tan desvergonzado.
Quite, quite, que es lascivo
aqueste arte, y no concierta
con la vida que yo vivo;
llame a alguno que convierta
tan torpe nominativo.
¿En la boca he de tomar
tal cosa?

DON GÓMEZ

No hay que receles.

DOÑA MARTA

¿No? Sepa que me ha de dar
nominativos donceles,
si tengo de declinar.

DON FELIPE

¿Quis putas? quiere decir:
¿quién piensas?

DOÑA MARTA

Pensadlo vos,
que yo no pienso admitir
tal cosa. ¡Jesús, de Dios!
no hay hablar, no hay persuadir.

Don Gómez
¿Eso te da pesadumbre?
Si la latina costumbre
lo usa, ¿por qué refutas
el declinar a *quis putas?*

Doña Marta
¡Jesús! ¡Jesús!, ni por lumbre.

Capitán Urbina
Es muy honesta; y al fin
el sonido la convida
a tenelle por rüin.

Doña Marta
No más latín en mi vida.
¡Jesús! ¿Esto era latín?

Doña Inés
Señor, aquel sevillano
por cuya orden y mano
has despachado el proceso
a Sevilla de aquel preso,
te busca.

Don Gómez
No viene en vano.
Nuevas debe de traer
con que alegre mi esperanza.
Vamos, si queréis saber
principios de la venganza
que en Sevilla pienso ver.

Capitán Urbina
Vamos.

Doña Marta
Tu rigor me espanta.
¿Posible es, padre, que así

te ciegue venganza tanta?
Yo no he de salir de aquí.

DON GÓMEZ
Pues quédate.

CAPITÁN URBINA
Es una santa.

(Quédanse DON FELIPE *y* DOÑA MARTA.*)*

DOÑA MARTA
Mi perlático de perlas,
mi estudiante en afición,
mi maestro en dar lición
de industrias para saberlas...

DON FELIPE
Mi hipócrita enamorada,
mi escrupulosa fingida,
mi melindrosa querida,
mi socarrona taimada,
dame esos brazos.

(Abrázanse y sale DOÑA LUCÍA.*)*

DOÑA LUCÍA (*Quede retirada.*)
Enojos
de penas que me atormentan,
cuando mis sospechas mientan
no pueden mentir mis ojos.
Don Felipe es quien en casa,
con su fingida cautela,
cuando entre celos me hiela,
con fuego de amor me abrasa;
y mi hermana con su trato
fingido, goza su amor;
que no hay engaño mayor
que el engaño a lo beato—.

Pero aquí los dos están:
no son mis recelos vanos.
¡Qué divinos tan humanos!
¡Cielos!, ¡los brazos se dan!
Daré voces; pero no:
mejor es ver escondida
esta devoción fingida.
¡Miren si lo dije yo!

Doña Marta

Estarás, mi bien, cansado
de tanto disfraz grosero;
que es amor muy caballero,
y quiere andar bien tratado.
Querrás que en el traje y brío
tu nobleza participe,
adornos de don Felipe,
no sotanas de Berrío;
ya te debe de cansar
mi fingido encerramiento.

Don Felipe

Como acabas, Marta, en miento,
mientes llegando a pensar
que donde está tu hermosura
no es libertad vivir preso;
como adorarte profeso
por ti profeso clausura,
no echo de menos las galas;
que si ellas sirven de medios
para amorosos remedios
y, a merecerte, me igualas;
esto me entalla mejor
que galas y joyas bellas;
que amor no se hizo para ellas;
sino ellas para el amor.
Más precio mi perlesía
que las perlas de Ceylán.

DOÑA LUCÍA (*Aparte.*)
¡Oh qué devotos que están!
¡Bien rezan, por vida mía!

DOÑA MARTA
¡Ay, dulce dómine mío!

DON FELIPE
¡Ay, mi hipócrita amorosa!

DOÑA LUCÍA (*Aparte.*)
¿Ésta es Marta la Piadosa,
y éste el dómine Berrío?
Con tales dominaciones
también me seré yo buena;
mas, amor, ¿con tanta pena
treguas en mis celos pones?
No hay sufrillo.

(*Adelántase.*)

DOÑA MARTA
¡Hermana!

DOÑA LUCÍA
Mi padre te está aguardando.
¿No vas?

DOÑA MARTA
Sí, Lucía, en dando
lición.

DOÑA LUCÍA
¡Qué buena cristiana!
Mi padre no ha de esperar.

DOÑA MARTA
Dómine, ponga aquí el dedo:

(*Dale el arte.*)

en el vocativo quedo.
¡Que siempre me han de estorbar!

(*Vase.*)

DOÑA LUCÍA

¿Conjugabais los dos?

DON FELIPE

Sí:
a *amor, amoris.*

DOÑA LUCÍA

Traidor,
yo ya he visto vuestro amor,
y casos suyos oí.
Ya Felipe cauteloso,
disfrazado en la sotana,
los melindres de mi hermana
y tu embeleco amoroso
he conocido; ya sé
que de mi amor olvidado,
porque della te has pagado,
no quieres pagar mi fee;
pero pues que desconoces
mi amor, ingrato homicida,
porque te quite la vida
mi padre, yo daré voces;
que pues de mí no haces caso,
tu muerte es justa. *(Gritando.)* ¡Ah, señor!
Aquí está el vil matador
de mi hermano. ¡Ah, padre!

DON FELIPE

Paso[87].

[87] *paso:* 'sosegaos'. Hablad paso: 'hablad quedo'.

(*Aparte.*)

Yo soy perdido.— ¡Ah, bien mío!

DOÑA LUCÍA
¿Yo tu bien? ¡Qué linda cosa!
Ve a mi hermana que piadosa
te ha convertido en Berrío—.
¡Ah, señor!, ven.

DON FELIPE
¡Qué porfías!

DOÑA LUCÍA
Ven, verás una maldad
que con capa de piedad,
encubre bellaquerías[88].

DON FELIPE
Lucía, luz de mis ojos,
¡vive Dios!, que la ocasión
de tanta transformación
y escolásticos despojos,
sólo ha sido por tenella
de hablar contigo, y gozar,
dándome dicha y lugar,
de tu amor la ocasión bella.
Conocióme Marta luego
que, como ves, vine aquí;
y, que la amaba fingí,
para apaciguar el fuego
que contra mi triste vida
a emprenderse comenzaba
si era quien declaraba,
viendo que no [era querida][89].

---

[88] En el texto: *con capa de piedad / que encubre bellaquería* (Juliá).
[89] En el texto: *la quería* (Juliá).

Si esta firmeza merece
tan inhumana crueldad,
da voces.

Doña Lucía

Eso ¿es verdad?

Don Felipe

Mi bien, sí.

Doña Lucía

No lo parece.
Mas para obligarme a mí
basta, ingrato, que me quieras
de burlas y no de veras.

Don Felipe

¿Estás enojada?

Doña Lucía

Sí.

Don Felipe

Desenójate, o escojo
un lazo...

Doña Lucía

Dejemos lazos;
que si me quieres a abrazos
derriba el amor su enojo.

(Abrázanse, y sale Doña Marta.*)*

Doña Marta (*Aparte.*)

Voces oí de mi hermana.
Mas con don Felipe está;
cesó mi esperanza vana.
Quiero escuchar lo que tratan,
escondida desde aquí.

DOÑA LUCÍA
¿Que por mí es el disfraz?

DON FELIPE
Sí.

DOÑA LUCÍA
¿Que mis amores te matan?
Pues este cuello corona
otra vez, Felipe amado.

(*Abrázanse.*)

DOÑA MARTA (*Aparte.*)
¡Bueno está el encadenado!

DON FELIPE
Pues por una hipocritona
engaña-bobos, ¿querías
que me disfrazase yo?
Sólo tu amor animó,
mi bien, las industrias mías.

DOÑA MARTA (*Aparte.*)
Celos, si en tales ensayos
sois nublados del amor,
¿qué aguarda vuestro rigor?
Lloved fuego, arrojad rayos.

DOÑA LUCÍA
Yo sé que la quieres bien;
no finjas nuevos engaños.

DON FELIPE
Mala Pascua y malos años
le dé Dios a Marta.

DOÑA LUCÍA
Amén.

DOÑA MARTA (*Aparte.*)
Para el cura y sacristán.

DOÑA LUCÍA
¿No dicen que estabas preso
en Sevilla? Y tu proceso,
¿no le ha llevado don Juan,
que con diligencia vana
quiere que muerte te den?

DON FELIPE
Todo eso ha sido, mi bien,
embelecos de tu hermana,
que no goza para ti;
y así a tu padre asegura,
y sin sabello, procura
que seas mi esposa.

DOÑA MARTA (*Aparte.*)
¿Así?
Pues yo desharé la trama,
y arrimando el fingimiento,
me pagará en escarmiento
mi hermano muerto, y su dama
que no gozará, si puedo.

DON FELIPE
No darte por entendida,
Lucía, importa a mi vida;
concede con el enredo,
y finge no conocerme;
que el embeleco que ha urdido
la hipócrita loca ha sido...

DOÑA LUCÍA
¿Qué?

DON FELIPE
...despertar a quien duerme.

Presto nos verá a los dos
juntos, burlándose así.

DOÑA LUCÍA

En fin, ¿soy tu esposa?

DON FELIPE

Sí.

DOÑA LUCÍA

¿Yo

DON FELIPE

Tú sola.

DOÑA LUCÍA

Adiós.

(Vase DOÑA LUCÍA.*)*

DOÑA MARTA

¡Engañoso burlador!
perrillo de muchas bodas,
danzante que baila en todas,
hombre, en fin, y más traidor:
¿es esta paga debida
al amor que te he cobrado,
de un hermano no vengado,
de una fineza encendida?
¿De haberte a casa traído;
de encubrirte desta suerte;
de impedir [tu justa][90] muerte;
de haber tu prisión mentido?
¡Por sola doña Lucía
ha sido el disfraz villano!
¡Para ella, alegre y sano!

---

[90] En el texto: *impedir injusta* (Juliá).

¡Para mí, con perlesía!
Pues no lograrás, traidor,
tu ingratitud. ¡[H]ola! ¡Gente!

(*Grita.*)

Llevad preso a este insolente,
de mi hermano matador.
¡Padre! ¡Alférez! ¡Capitán!

DON FELIPE
Mi bien, oye, que te engañas.
¡Hay quimeras más extrañas!
Aquí la muerte me dan.

DOÑA MARTA
¡[H]ola! Prended a ese ingrato.

DON FELIPE
Mi bien, por los soles dos
que adoro, por ti, por Dios
que ve la verdad que trato,
que engañé a doña Lucía,
porque oyó cuanto contigo
hablé, temiendo el castigo
que si quien era decía,
me amenazaba.

DOÑA MARTA
Otro tanto
le has dicho en este lugar;
traidor, no pienses matar
dos pájaros con un canto.
Ya sé que la quieres bien.

DON FELIPE
Que todos fueron engaños.

DOÑA MARTA
Mala Pascua y malos años

le dé Dios a Marta.—Amén—.
¿Fue este engaño?

DON FELIPE

Asegurarla
por ese camino fue.

DOÑA MARTA

Que te den la muerte haré:
no pienses, traidor, gozarla.

DON FELIPE

¿Que no te obligo a creerme?

DOÑA MARTA

Si el embeleco que ha urdido
la hipócrita loca, ha sido...—
¿Qué —despertar a quien duerme.—
Antes que de aquí me parta,
en venganza de los dos
te han de matar, ¡vive Dios!

(DON GÓMEZ, *el* CAPITÁN URBINA *y el* ALFÉREZ. *Quedan retirados.*)

DON GÓMEZ

¡Vive Dios! ¡Jurando Marta
y dando voces! ¿Qué es esto?

CAPITÁN URBINA

¿Así una doncella jura?

ALFÉREZ

No es su virtud muy segura.

DON FELIPE (*Bajo a* DOÑA MARTA.)

¡Ah cruel! Véngate presto.
que aquí están los viejos dos,
y te han oído jurar.
Ea, acaba; hazme matar.

Doña Marta (*Bajo a* Don Felipe.)
Disimula. (*En voz alta.*) ¡Vive Dios,
ha de jurar un christiano
y el mandamiento segundo
quebrantar, que adora el mundo!
¡El nombre de Dios en vano!
¡Oh licenciado traidor!
¿Vos jurador? ¿Esto pasa?
No hay que hablar, salid de casa;
salid, falso jurador,
o besad luego la tierra
por tan grande desvarío.
¿Vos érades el Berrío?
¿Esto vuestro pecho encierra?
De enojo y ira me abraso.
¿Vive Dios, osáis jurar?
Ea; o salir, o besar.

Don Felipe
Dómina, dómina, paso,
que alborotaré a Madrid.
Vive Dios, no es juramento
grande, sí juro, y no miento.
Y que he estudiado advertid,
y si yo he jurado, ha sido
con verdad.

Don Gómez
¡Le reprehende
porque a Dios, jurando, ofende!

Capitán Urbina
¡Qué virtud!

Don Felipe
Yo me despido.

DON GÓMEZ

¿Viose perfección mayor?

DOÑA MARTA

¿Que os despedís enemigo?
Pues desta suerte castigo
al hombre que es jurador.

(*Golpéale.*)

DON FELIPE

Pasito, dómina mía.

DOÑA MARTA

¿Vos jurar a Dios en vano?

DON FELIPE (*Bajo a* DOÑA MARTA.)

Ya va de veras.

DOÑA MARTA (*Bajo a* DON FELIPE.)

Tirano,
los celos son de Lucía.

DON GÓMEZ (*Llegando con el* CAPITÁN *y el* ALFÉREZ *a su hija.*)

Hija, paso: ¿desa suerte
te descompones?

DOÑA MARTA

Juró,
vive Dios, y mereció
el atrevido la muerte;
que, aunque yo soy pecadora,
nadie ha de tener licencia
de jurar en mi presencia,
que es gran pecado.

DON FELIPE

¡Ay, que llora!

Don Gómez

Basta, Marta, que habéis dado
muestra de vuestra piedad.
Si ha jurado con verdad,
no ha sido tan gran pecado.

Don Felipe

Diome muy grande motivo;
mal su condición conoces.

Don Gómez

¿De qué suerte?

Don Felipe

Quiso a voces
decir el acusativo
de *zelus zeli*, y juntalle
a *amor amoris.* —No son
de una declinación.—
Y ella, acusativo, y dalle,
y declinar a los dos.
Yo, llegándome a enojar,
dije[91]: No ha de declinar
esos nombres, vive Dios.
Y porque aquesto juré,
ya veis los dos lo que pasa.—
Pues no he de estar más en casa.

Doña Marta

Es verdad, por eso fue.

Don Felipe

Pues adiós, que es mucho brío
para quien en virtud da.

---

[91] En el texto: *dixo* (Juliá).

DOÑA MARTA
¿Vase? Vaya; vuelva acá.
Vuelva, dómine Berrío.

DON FELIPE
No hay volver, aunque mi madre
fuera, no la consintiera
que en mí las manos pusiera.
Voime: adiós.

DOÑA MARTA
Téngale, padre.

DON GÓMEZ
Váyase.

DOÑA MARTA
¡Que ansí le envía!
¿No ve que enojado va?

DON GÓMEZ
¿Qué importa?

DOÑA MARTA
¿Mas que le da,
si se va, la perlesía?
¡Ay, Dios!, su desdicha lloro

DON FELIPE
Déjeme en mi libertad.

DOÑA MARTA
Apláquenle, que en verdad
que es bonito como un oro;
reciba yo esta merced.
Señores, ¿será razón
despedir por mi ocasión
a nadie?

DON GÓMEZ
Hermano, volved.

Capitán Urbina
No haya más.

Don Felipe
¡En mi persona
las manos! ¡A un licenciado
en Gramática ordenado
de grados y de corona!...

Doña Marta
¿Ordenado estaba, hermano?
Ignorélo: ya me pesa.
Perdóneme.

Don Felipe
Si me besa
de rodillas esta mano.

Doña Marta
Mortificaréme en eso.

(*Arrodíllase.*)

Capitán Urbina
¡Qué nunca vista humildad!

Doña Marta (*Aparte.*)
Si ello va a decir verdad
a la miel me supo el beso[92].

---

[92] Alusión al verso final de una canción popular utilizada por Tirso en obras de la misma época aproximada:

Yo, pues, que besé su mano,
tengo de cantar el beso.
Que beséla en el colmenaruelo
y yo confieso
que a la miel me supo el beso.

en *La villana de la Sagra* (Acto III), de 1612, y trasmutada a lo divino en el auto sacramental *El colmenero divino*, de 1613:

Que besóme en el colmenaruelo
y yo confieso
que mi paz le dio su beso.

(DOÑA INÉS *sale.*)

DOÑA INÉS (*A* DON GÓMEZ.)
El sevillano está aquí,
señor, que a buscarte vuelve.

DON GÓMEZ
Vamos, pues que se resuelve
que me parta. ¿Vienes?

DOÑA MARTA
Sí.

DON FELIPE (*Bajo a* DOÑA MARTA.)
¿Somos ya amigos?

DOÑA MARTA (*Bajo a* DON FELIPE.)
No es cosa
tan de prisa.

DON FELIPE (*Bajo.*)
¡Ay, amor mío!

DOÑA MARTA (*Bajo.*)
¡Ay, mi dómine Berrío!

DON FELIPE (*Bajo.*)
¡Ay, mi Marta la Piadosa!

(*Vanse y quédanse el* ALFÉREZ *y* DON FELIPE.)

ALFÉREZ
Esperad, dómine, un poco.

DON FELIPE
¿Qué es, señor, lo que queréis?

ALFÉREZ
Que una duda me quitéis.

Don Felipe

¿Y es?

Alférez

Que yo estoy ciego, o loco,
o sois don Felipe, vos
con traje y con nombre nuevo,
a quien desde Illescas debo
la vida después de Dios;
y habéis hecho agravio extraño
a mi mucha voluntad
de encubrir a mi amistad
quien sois, con tan nuevo engaño.

Don Felipe (*Turbado.*)

Si... yo...

Alférez

Sin razón buscáis
modo de encubrir de mí
la verdad. Ya sé que aquí
por doña Marta trocáis
las galas en la sotana;
ya sé el peligro en que amor
ha puesto vuestro valor.
También yo adoro a su hermana,
y soy tan amigo vuestro,
que cuando a doña Lucía
quesiésdes, dejaría
por vos el amor que muestro.

Don Felipe

No quiero, Alférez amigo,
si la vida me debéis,
sino que hoy en pago uséis
de vuestro valor conmigo;
que siendo vos tan discreto,
no tendréis a mucha culpa
el encubrirme, en disculpa

de que era mi amor secreto,
y más estando mi vida
tan a riesgo. Disfrazado,
como veis, he conquistado
esta devota fingida
con quien desposarme espero,
si alentáis la dicha mía.
Amad a doña Lucía,
que no os será mal tercero,
aunque el desdén que os enseña
he visto.

ALFÉREZ

El alma la adora,
y tanto más enamora,
cuanto me mira zahareña.
Estad seguro de mí,
del secreto, y de que os ama
mi vida y fee.

DON FELIPE

Vuestra dama
es esta que viene aquí.
Dejadme hablalla y veréis
cómo os la vuelvo de cera.

ALFÉREZ

Esa elocuencia hechicera,
decid: ¿dónde la aprendéis?

DOÑA LUCÍA

Dómine, ¿estáis solo?

DON FELIPE (*Aparte a* DOÑA LUCÍA.)

No;
quien ama, nunca lo está.
El Alférez sabe ya
quien soy, él me conoció;
y diciéndole que a Marta
quiero y que por su ocasión
hice esta transformación,

los celos del alma aparta,
que formó de mí, y me ruega
que le sirva de tercero.
Engaña a este majadero,
que cual mariposa llega,
Lucía, a tu luz hermosa.
Di que serás su mujer.

DOÑA LUCÍA (*Aparte a* DON FELIPE.)
¿Yo?

DON FELIPE (*Aparte a* DOÑA LUCÍA.)
Tú, que de no lo hacer,
mi muerte será forzosa.

DOÑA LUCÍA (*Aparte a* DON FELIPE.)
Felipe, si perlesía
finges tú por mi deseo,
a mí me da, cuando veo
tu Alférez, alferecía[93].

DON FELIPE (*Aparte a* DOÑA LUCÍA.)
Pues si no lo haces, dirá
que es don Felipe, Berrío.

DOÑA LUCÍA (*Aparte a* DON FELIPE.)
¿Qué no haré por ti, bien mío?

DON FELIPE
Alférez, llegaos acá.

ALFÉREZ
¡Que el nombre merecí de vuestro amante,
y ver la luz, Lucía, que lucía
desde que os vio mi alma el primer día,
más que el sol en su esfera radiante!

---

[93] *alferecía.* Juego de palabras entre el significado de enfermedad de tipo convulsivo o epilepsia infantil y el derivado de alférez, como lo concerniente a dicho grado.

DOÑA LUCÍA
El que por dueño adoro está delante:
es el rey de la esperanza mía.

DON FELIPE
Yo adoro la discreta hipocresía
de una mujer, con ser mujer, constante.

DOÑA LUCÍA (*Aparte a* DON FELIPE.)
¿Y a mí no?

DON FELIPE (*Aparte a* DOÑA LUCÍA.)
Tú eres sólo el gusto mío.

DOÑA LUCÍA
¡Ay, mi bien!

ALFÉREZ
¿Yo tu bien? ¡Qué tal escucho!
Jamás el alma de tu luz se aparta.

DON FELIPE (*Aparte.*)
De tus enredos, ciego amor, me río.

ALFÉREZ
Alma, amad mucho pues os aman mucho.

DOÑA LUCÍA (*Aparte.*)
¡Ay, Felipe!

ALFÉREZ
¡Ay, Lucía!

DON FELIPE
¡Ay, bella Marta!

(*Vanse todos, si no es* DON FELIPE, *y salen* PASTRANA *y* DOÑA MARTA.)

Doña Marta

A los acentos salí
de mi nombre.

Pastrana

Tal reclamo
te llama.

Don Felipe

No estoy en mí
sin ti, y por eso te llamo.

Pastrana

Chicoleaos, eso sí.

Don Felipe

Loco estoy de admiración
de ver el confuso abismo
de tu engaño y discreción;
porque me engaña a mí mismo
tu fingida devoción.
De discreta el premio lleves;
hagas en el mundo raya,
pues tan de veras me mueves,
que he de asirte de la saya
para que no te me eleves.

Doña Marta

Pues yo quisiera, bien mío,
de tu gusto y mi albedrío,
por no mostrarme tirana
vestirme una vez galana
y irnos a cenar al río.

Pastrana

¿Qué río?

DOÑA MARTA
El de Manzanares[94].

PASTRANA
Ríome del río yo.

DOÑA MARTA
Antes quiero que repares
que es río de quien nació
el Rey de todos los mares;
río de Madrid, que es mar
que esas letras tiene en sí.

DON FELIPE
Eso es quererle alabar.

PASTRANA
Yo que del río aprendí,
no sé más que murmurar.
Pero sea lo que fuere,
no has de ir al río.

DOÑA MARTA
No sea
si no es donde se pareciere.

PASTRANA
Iremos donde se vea
lo que el gusto nos pidiere.

---

[94] Las burlas sobre el exiguo caudal del Manzanares son un lugar común en los textos clásicos. Entre los más famosos, el soneto de Góngora: *Duélete de esa puente, Manzanares,* o la jocosa de Vélez de Guevara, coincidente en muchos puntos con la presente de Tirso: «...el río Manzanares, que se llama *río* porque se *ríe* de los que van a bañarse en él, no teniendo agua, que solamente tiene regada la arena, y pasa el verano de noche»..., «siendo el más merendado y cenado de cuantos ríos hay en el mundo» (*El diablo cojuelo,* tranco VIII).

La huerta del Duque, al Prado[95],
es la casa y el jardín
del paraíso traslado,
donde cualquier querubín
estará bien empleado.

DON FELIPE
Pienso que hacemos la cuenta
sin la huéspeda[96].

DOÑA MARTA
¿Pues cómo?
¿Hay huéspeda que la sienta?

PASTRANA
¿Hay celerín?

DOÑA MARTA
Celos tomo.

PASTRANA
Pues sosiegue la pimienta
que lo dijo su galán
no por descuido de amor,

---

95 *Huerta del Duque.* Es famosa en la época la Huerta del Duque de Lerma, en el Prado. En ella transcurre parte de la acción de *Don Gil de las calzas verdes,* estrenada en 1615, en donde se cantan las deliciosas seguidillas, que comienzan:

Alamicos del Prado
fuentes del Duque,
despertad a mi niña
porque me escuche.

Y en este mismo año de 1614, en que se escribe *Marta la piadosa,* estrena Tirso en la citada Huerta, el día de San Juan. la segunda parte de la *Santa Juana,* en presencia del «piadoso rey don Felipe III», de su heredero y de la Corte toda, según consigna Cabrera en sus *Relaciones.*

96 *Hacemos la cuenta sin la huéspeda,* ya constatado por Santillana en sus *Refranes que dicen las viejas tras el fuego* (Sevilla, 1508).

sino aludiendo al refrán;
que es la huéspeda en rigor
tu padre y el Capitán.

DON FELIPE

Es el Capitán Urbina
un lince, y tu padre un argos[97],
que en nuestro amor predomina,
con más ojos y más largos
que soplo de culebrina;
y la huéspeda se entiende
tu hermana doña Lucía,
que también cansa y pretende.
No hay otra, por vida mía.

DOÑA MARTA

¡Ay, como miente y me vende!
Mas respondiendo a la duda,
digo que hoy hace buen día,
y el mismo sol nos ayuda.
Mi hermana doña Lucía,
aunque es muy celosa, es ruda;
yo la llevaré engañada,
que trazas hay para todo.
Los viejos no sabrán nada,
y yo he de salir de modo,
contigo, disimulada,
que con la reputación
que tengo y todos me dan,
creyendo mi inclinación,
no me conozca Galván,
ni lo sepa Galalón[98].

---

[97] *argos.* Véase nota 16 de *El burlador*. Al *lince* se le atribuía la propiedad de atravesar con su mirada las paredes. Se alude, pues, al número de ojos (*con más ojos-argos*) y al poder extraordinario de éstos: *más largos-lince.*

[98] *Galalón.* Nueva alusión al romance de Gaiferos (véase nota 14). Galalón, personaje igualmente del romancero del ciclo carolingio, derivación del traidor Ganelón de la *Chanson*

PASTRANA

Esta fiesta se ha de hacer,
y no ha de ser solamente
fiesta en casa de placer,
sino casarse esta gente,
y acabar ya de temer.
Yo tengo traza pensada,
que mi entendimiento es
pesebre de un alma honrada,
para que quede después
esta máquina acabada.
Lo primero, he dado modo
con que echemos de Madrid
los viejos; y lo acomodo
mejor, porque en este ardid
consiste el despacho todo.
Heles de decir... Mas siento
que vienen.

DOÑA MARTA

Y ¡a qué mal punto!
que mi ibas dando contento.

PASTRANA

Yo haré el engaño, que junto
le tengo en mi entendimiento.

(DON GÓMEZ, *el* CAPITÁN URBINA, *el* ALFÉREZ *y* DOÑA LUCÍA.)

DON GÓMEZ

Sea v[uesa] m[erced] muy bien hallado,
señor don Juan.

---

de Roland. Como Gano di Maganza figura en los poemas de Pulci, Boiardo y Ariosto y como Ganelón de Maganza en el *Poema heroico de las necedades y locuras de Orlando el enamorado,* de Quevedo: «También diré las ansias y la basca / de aquel maldito infame basilisco / Galalón de Maganza, par de Judas / más traidor que las tocas de viudas.»

PASTRANA
Aquí, señor, espero
vuestra venida con mayor cuidado.
Hoy tuve de Sevilla un mensajero
con nuevas de que han dado la sentencia
a don Felipe.

DON GÓMEZ
Porque muera, muero.

PASTRANA
Como han puesto tan grande diligencia
dineros y favor, le han condenado
a merecida muerte en la Audiencia.

CAPITÁN URBINA
¿Qué sentencia?

PASTRANA
Que muera degollado,
y su hacienda la herede el padre viejo
del caballero a quien la muerte ha dado.

DON GÓMEZ
Dadme los brazos, noble y claro espejo
de industria y discreción, que en vuestra mano
mi justo agravio y su venganza dejo.

DOÑA MARTA (*Bajo a* DON FELIPE.)
¿Qué pretende Pastrana?

DON FELIPE (*Bajo a* DOÑA MARTA.)
No es en vano,
que aunque vuela a otra parte, es hacer punta:
el volver a la garza, y lo hará llano[99].

---

[99] Término comparativo con la caza de la garza con halcón. Aunque éste vuele a otra parte —los embelecos de Pastrana que parecen apuntar en otra dirección— conseguirá la presa, porque cuando vuelva hacia ella, irá directamente al blanco y conseguirá su propósito con facilidad. Para explicar el recto sentido de la comparación habría de leerse «*volverá* a la garza».

Doña Lucía (*Aparte.*)
La máquina de engaños que se junta,
fuera de mí me tiene, y más me admiran
sus enredos.

Alférez (*A* Doña Lucía.)
Escucha a quién pregunta.
Los viejos y Pastrana se retiran,
alegres con la nueva mentirosa:
hablen las lenguas pues los ojos miran.

(Pastrana, Don Gómez *y el* Capitán Urbina, *a una parte.*)

Pastrana
Partiendo hoy a Sevilla, es fácil cosa
hallarse a la tragedia de su muerte,
y estar presente a la venganza honrosa.
V[uesa] m[erced] ordene hoy y concierte
la jornada a Sevilla, porque vea
con sus ojos su gusto y buena suerte,
para que luego que difunto sea
don Felipe, su hacienda se le entregue,
que doña Marta con salud posea.

Capitán Urbina
Digo que os está bien, sin que os lo ruegue
este señor, y importa la jornada
pues no hay inconveniente que la niegue;
que el ver una venganza tan honrada
es gran contento, y más juntar la hacienda,
que estará en otras manos mal lograda.

Don Gómez
Todos me aconsejáis; de todos sigo
el gusto y parecer; y así mañana
será muy cierta mi partida. Amigo,
¿no iréis conmigo vos?

PASTRANA

De buena gana
fuera yo a ver dar muerte a aquese reo,
por lo que mi amistad en ello gana;
mas no podré, si bien mucho deseo
el volver a Sevilla, acompañaros,
por mil negocios, que a mi cuenta veo.
Yo picaré después hasta alcanzaros
en Córdoba o Carmona por la posta,
dando de quien yo soy indicios claros;
porque en mi casa, puesto que sea angosta
para tan grande huésped, es forzoso
que os haga el aposento, y aun la costa.

DON GÓMEZ

Estimo ese favor tan generoso,
y le recibiré cuanto a la casa.
Por ser el hospedaje tan costoso.

DON FELIPE (*Aparte a* DOÑA MARTA.)

¡O[h], qué adornada de mentiras pasa
la quimera de hoy!

DOÑA MARTA (*Aparte a* DON FELIPE.)

¡Y mi deseo!
¡La prisa que me da cuanto me abrasa!

CAPITÁN URBINA

Yo iré hasta Illescas, que imagino y creo
que me han de remitir desde Sevilla
algunos bienes, que en el mar poseo.
Allí os esperaré, que en esa villa,
como es al fin mi patria, tengo agora
más hacienda y negocios que en Castilla.

DON GÓMEZ

No halle yo en mi casa, hija, mudanza.

DOÑA MARTA

Hasta que vuelvas, la ventana y calle
se acaban para mí: lleva esperanza

de que la ociosidad puerta no halle.
Porque en tu ausencia la tendré cerrada.

Pastrana (*Aparte.*)
¡O[h] socarrona! ¡Qué haces de engañalle!

Capitán Urbina
La obra que tenéis tan bien trazada
del hospital, señora, se comience,
porque cuando yo vuelva esté empezada.

Don Felipe (*Aparte.*)
Fácilmente se engaña y se convence
una buena intención.

Don Gómez
Pues, prenda mía,
adiós.

Pastrana
Venció mi ardid.

Doña Marta
Vive quien vence.

(*Quédanse* Doña Marta, Doña Lucía, Don Felipe *y* Pastrana.)

Pastrana
Metan todos en casa este buen día.

Doña Marta
Quedemos los de la danza,
que la habemos de ensayar.

Doña Lucía
¿Entro yo en ella?

DOÑA MARTA

No sé.

DOÑA LUCÍA

Pues voyme.

DOÑA MARTA

Esperad, no os vais[100].
Diréis, hermana Lucía,
que no entendéis ni alcanzáis
qué es esto, y que hablar yo así
parece gran novedad;
pensaréis que fue fingida
mi mesura artificial,
y engañosa en la apariencia,
como en rosa el alacrán.
No, hermana; pero el que es bueno,
con su virtud natural
licencia tiene unos días
para poderse alegrar.
Yo quiero, pues que es razón,
cumplir vuestra voluntad,
y que os dé el sí don Felipe,
con quien pretendéis casar.
Porque no pusiese estorbo
mi padre, que es el que da
por vos palabra al Alférez,
para que me agradezcáis
lo que os quiero, por mi industria
a Guadalquivir se va,
y en Sevilla busca aquel
que dentro en su casa está.
Casaros pienso esta tarde;
pero pues se queda acá
el Alférez, cuyo amor
es menester engañar,
conviene que ser su esposa

100 *vais:* 'vayais'.

en lo público finjáis,
porque celoso no quiebre
la tela que urdiendo va.

Doña Lucía

Harélo de mil amores.

Doña Marta

Si lo hacéis así, tendrá
su pago, y yo le echaré
en los ojos el agraz[101].
Yo quiero ser la madrina,
y así me daréis lugar
para que a mis joyas vuelva
que poco en mí durarán.
Esto, hermana de mi vida,
lo hago yo porque entendáis
que no encubro a don Felipe
por amor o vanidad,
sino porque os quiero bien,
y porque quiso trazar como casaros a entrambos;
que muchos años viváis.

Doña Lucía

¡Ay, hermana de mis ojos!
Los pies o brazos me da,
que tus virtudes me dicen
tu condición liberal.
Vos a vestirme de bodas.—
Esposo mío, ¿no habláis?

Doña Marta

Yo, ¿no hablo por él, que basta?
Que los novios no han de hablar.

---

[101] *agraz:* líquido extraído de las uvas verdes, empleado en fines culinarios desde antiguo, como atestigua el refrán: «más quiero cardos en paz, que no salsa de agraz», documentado ya en Santillana (ob. cit.). En el contexto equivale al actual: «echar arena en los ojos» para ocultar un asunto al momentáneo ciego.

DOÑA LUCÍA

Adiós, mi bien, venid luego.

(*Vase.*)

PASTRANA

¡O[h] qué engañada que vais!

DON FELIPE

Linda boda.

DOÑA MARTA

Linda traza.

PASTRANA

Ven, que allá se lo dirán.

DOÑA MARTA

Ahora falta el Alférez.

PASTRANA

Pues yo le voy a buscar.

DOÑA MARTA

A mi prima doña Inés
llevaré.

PASTRANA

Yo sé que irá
que me tiene por discreto,
y por rico otro que tal.

DON FELIPE

El Alférez y Lucía
se tienen hoy que casar,
y Pastrana y doña Inés.

DOÑA MARTA

Y yo y vos.

Don Felipe
Pues claro está.

Pastrana
Puen en saliendo los viejos,
iremos de par en par.

Don Felipe
¡Ay, mi bien!

Pastrana
Cócale, Marta.

Doña Marta
Marta soy, y cocos hay [102].

(Vanse.)

(Don Juan *y* Don Diego.)

Don Diego
¿No basta rogarlo yo?
De vos con razón me quejo.

Don Juan
Fácil cosa es dar consejo,
pero recibille no.

Don Diego
¿Quise bien a Marta?

Don Juan
Sí.

Don Diego
¿Pues no la dejé de amar,

---

102 Véanse notas 29 y 75.

cuando la vi renunciar
al mundo?

DON JUAN
Convino así.

DON DIEGO
Luego ya supe vencer
celos, amor y cuidado.

DON JUAN
Sí, pero fuisteis forzado,
y nadie os pudo ofender;
pero si doña Lucía
me quiere[103] a mí no es razón
que otra ninguna afición,
pretenda vencer la mía;
y más afición humana
de un Alférez, que a lo bravo
pretende llevar al cabo
su pretensión loca y vana.
Aquí en el prado le espero.
Idos, don Diego, por Dios,
no se asombre de los dos.

DON DIEGO
Ánimo tengo y acero[104].
Pero ¿qué culpa ha tenido
el pobre que no os conoce,
cuando de su dama goce
favores, si es preferido?
¿Y sé yo cierto que a vos
no os ha querido aún mirar?
¿Por qué os habéis de enojar
con él? No es razón, por Dios.
Vamos a reñir con ella

---

103 En el texto, *quexa* (Juliá).
104 *acero:* 'espada'.

que no os quiere, y no con él,
pues si ella le quiere a él,
quien tiene la culpa es ella.

Don Juan

¿Burláisos?

Don Diego

Hemos venido
a una edad muy diferente
que el ser un hombre valiente
es peligro conocido.
Alguaciles y escribanos,
son los Hércules después
que aquéllos matan por pies,
y estotros vencen por manos;
y entrambos, porque se dé
la batalla a su contrario,
previenen, si es necesario,
la pluma, el pico y el pie.

(*Sale el* Alférez. *Sin ver a los demás.*)

Alférez

Fuese mi tío, y no quise
ir con él, que sin Lucía,
iba sin luz y sin día
no es bien que desdicha pise.

Don Juan

Aquél es, muera.

(*Va a acometer al* Alférez; Don Diego *le detiene.*)

Don Diego

¿Qué os hizo?

DON JUAN
Don Diego, hele de matar.

DON DIEGO
¿Sois vos médico?[105]

DON JUAN
¡O[h] pesar!

DON DIEGO
Mátele Dios que le hizo.

(*Sale* PASTRANA.)

PASTRANA
¿Es el Alférez?

ALFÉREZ
Yo soy.

PASTRANA
¡Válgame Dios! ¿Es posible
que os hallo? ¿Sois invisible?
Buscandoos ando todo hoy.

ALFÉREZ
¿Qué hay?

PASTRANA
Sabed que hoy es día
en el cual, por mi amistad,
seréis rey de la beldad
de vuestra doña Lucía.
Pero entremos en la huerta
del Duque.

[105] A la sátira sobre alguaciles y escribanos se añade ahora la de los médicos, como uno más de tantos lugares comunes de la época.

ALFÉREZ
Más vale así.
¡Y qué!, ¿hoy la alcanzaré?

PASTRANA
Sí.

(*Vanse*).

DON DIEGO
Entróse y cerró la puerta.

DON JUAN
¡Que así se fuesen los dos!

DON DIEGO
No se van, que se pasean,
y volverán si desean
la pendencia.

DON JUAN
Bien, por Dios.

DON DIEGO
Dadle vos prisa a la noche,
que lo demás cierto está.

DON JUAN
Oíd, que viene [h]acia acá
derecho y aprisa un coche.

DON DIEGO
¿Un coche en Madrid espanta?[106]

---

[106] Las referencias satíricas a la cantidad de coches en la Corte abundan en los textos coetáneos. El propio Tirso dice: «La multitud de los coches / en Egipto fuera plaga / si autoridad en Madrid» *(Quien calla, otorga,* acto I). Dicha cantidad, más la presunción desorbitada de ser vistos en ellos (y marchar al paso, por consiguiente) explican la sátira del contexto, escrita en 1614, re-

DON JUAN
No, pero de prisa sí.
Ya llega, y ya para allí.

DON DIEGO
¿Qué es esto? ¿Quién os encanta?

DON JUAN
No sé qué es, que me ha turbado
este coche. ¿Qué será?

DON DIEGO
El Duque, que se vendrá
a su huerta retirado,
y corridas las cortinas,
sin criados, como suele.

DON JUAN
Algo tiene que me duele
este coche.

DON DIEGO
¿Qué imaginas?

(DOÑA MARTA, *muy bizarra*[107], *y* DOÑA LUCÍA, *también;* DON FELIPE, *de galán;* DOÑA INÉS, *el* ALFÉREZ *y* PASTRANA.)

---

ciente aún la Pragmática de 3 de enero de 1611. Por ella se regulaba la fabricación de los coches, mediante autorización del Presidente del Consejo; se ordenaba se registrasen a nombre de sus dueños los que estuvieran en curso de fabricación; se prohibía su préstamo; se prescribía un permiso de circulación «de rua» y se prohibía su uso –«ni carroza, ni litera, ni silla»– a las mujeres de pública deshonestidad, que los utilizaban como escaparate ambulante de sus gracias. Véase a título de ejemplo el chispeante diálogo de las cervantinas Cristina y Brígida, en *El vizcaíno fingido*, escrito a raíz de la publicación de la pragmática aludida.

107 *bizarro:* «lucido, muy galán, espléndido y adornado» (*Dic. Aut.*).

Don Juan
Dos damas salieron dél:
aquella es doña Lucía,
conocíla. ¡Ay, prenda mía!

Don Diego
¡Bueno anda el cascabel![108]
No llegues, que me parece
que viene también con ella
una dama moza y bella.

Don Juan
¿También a ti te enternece?

Don Diego
¡Ay, don Juan! ¡Espera, aparta!

Don Juan
¿Quieres tirar?

Don Diego
Las dos son.

Don Juan
Tu misma imaginación
tengo: aquélla es doña Marta.
Mas ¿cómo en traje galán
Marta, con extremos tantos?

Don Diego
¿Agora sabes que hay santos
de [h]olanda y de gorgorán?[109]

---

108 *cascabel.* Metafóricamente se llama al hombre de poco juicio, bullicioso y que habla mucho» (*Dic. Aut.*).

109 *holanda:* «tela de lienzo muy fino» (*Dic. Aut.*). Procedente de los Países Bajos, lo mismo que el *gorgorán*, «seda bordada con cordoncillo», era tela de precio, utilizada para tocas, ropa interior, etc. Quevedo la cita en su *Matraca de los paños y sedas*, junto a la Seda, el Raso, el Terciopelo y el Cambray.

DON JUAN
Sabré de doña Lucía
la causa.

DON DIEGO
¿Osarásla hablar?

DON JUAN (*Llégase a ella.*)
No sé: podremos llegar.
Desdeñosa prenda mía...

(*Habla bajo con* DOÑA LUCÍA.)

DOÑA LUCÍA
No, que es ésta la Condesa.

DON JUAN
¿Qué no es doña Marta?

DOÑA LUCÍA
No.

DON JUAN
Parécela por extremo.

DOÑA MARTA (*Aparte.*)
¡Ay, doña Inés, que me quemo!

DOÑA INÉS (*Aparte.*)
Alguno te conoció.

DOÑA LUCÍA
Adiós, don Juan, que a tal hora
la visita es excusada.

DON DIEGO
¡Qué condesa tan callada!

DON JUAN
Es grave, y, al fin, señora.

Don Diego

Digo que es Marta.

Don Juan

No es
que su traje la asegura,
y ella estará por ventura
lavando a pobres los pies,
que es mucha su devoción,
si no es que cuentas ensarta[110].

Don Diego

¡Vive Dios, que es doña Marta,
que no miente el corazón;
yo tengo de averiguallo,
¡Ah, hidalgo! Saber espero

(*Sale* Pastrana.)

quién es ese caballero.

(*Señalando a* Don Felipe.)

Pastrana

¿Isto? O Conde.

Don Diego

Ahora callo.

Don Juan

Por Dios, que habla portugués.
¿Y la dama?

Pastrana

E la Condesa.

[110] En el texto: *ensarto* (Juliá).

(*Vase.*)

DON JUAN
¿Veis cómo es locura aquesa?

DON DIEGO
¿Locura? Embeleco es.

(*Vanse.*)

(DON GÓMEZ *y el* CAPITÁN URBINA, *de camino.*)

CAPITÁN URBINA
Refrenad, señor don Gómez,
el enojo con las canas,
asiento de la prudencia.

DON GÓMEZ
Ya la prudencia no basta.
¡Jesús! Apenas llegué
a la Puente Toledana[111],
para seguir de Sevilla
la mentirosa jornada,
cuando me alcanzó un amigo,
y dijo: «¿Cómo os engaña,
siendo viejo, un hombre mozo
y una hipócrita taimada?
El preso por quien partís
a Sevilla, y la venganza
en su muerte os gasta el seso,
está preso en vuestra casa.
Don Felipe, el matador
de vuestro hijo, dio esa traza,

[111] *Puente toledano*, o actual Puente de Toledo, salida de Madrid hacia Toledo, paso obligado en la época en el camino de Andalucía, como lo era, por tanto, Illescas, primer punto de parada.

y se transforma en Berrío:
don Juan Hurtado es Pastrana,
un su amigo socarrón,
que os persüade y encanta
a que salgáis de Madrid,
porque tienen dada traza,
en partiéndoos, de casarse,
trocando anascote en galas.
Hoy en la huerta del Duque
yo he sabido lo que pasa
de su alcaide, que es mi primo.»

CAPITÁN URBINA
¿Qué me dais cuenta tan larga,
si estuve presente a todo?

DON GÓMEZ
Así mi pena descansa.
Pero ¿no son éstos?

CAPITÁN URBINA
Sí.

DON GÓMEZ
¡No se volviera en espada
este junco, flaco arrimo
de mi vejez afrentada!

(Viendo salir a sus hijas acompañadas de DON FELIPE, *el* ALFÉREZ *y* PASTRANA*...)*

¡Ah, traidores embusteros!

(Llégase.)

PASTRANA
El lobo ha dado en la trampa.
No hay, Marta, sino quitarte
la máscara de la cara.

DON GÓMEZ
Déjame darle la muerte.

DON JUAN (*Deteniéndole.*)
Paso, que es aquesta dama
una condesa extranjera.

DON GÓMEZ
¿Condesa... qué?
¿Otra maraña?
No es sino Marta, mi hija.

DON FELIPE
Y don Felipe de Ayala
yo, que si un hijo os maté
aunque no es igual la paga,
por hijo vuestro me ofrezco.

DON GÓMEZ
Alférez, dadme esa espada.

DON JUAN
¿Vos, señor, sois don Felipe?
¡Jesús! Fuera de mí estaba,
pues viéndoos no os conocí.
En Valladolid os guarda
vuestra madre, por ser muerto
don Pedro Gómez de Ayala,
diez mil ducados de renta.

DON FELIPE
¿Qué decís?

DON JUAN
Por esta carta
sabréis la verdad de todo.

DON FELIPE
Pues renta, ser, vida y alma,
padre y señor, a esos pies
rindo; que no quiero nada,
si vos no me dais perdón.

CAPITÁN URBINA

No es de nobles la venganza.
Perdonadlos, que yo quiero,
pues su industria ha sido tanta,
que los ocho mil ducados,
que para el hospital daba,
se queden para su dote.

DOÑA LUCÍA

¿Qué es eso? ¿Luego mi hermana
ha de ser de don Felipe?
Eso no.

PASTRANA

Ya es excusada
vuestra pretensión, Lucía,
porque manos y palabras
pasaron en obras.

DOÑA LUCÍA

¿Cómo?

Esposos los dos se llaman
en faz de la madre Iglesia;
yo testigo.

DOÑA LUCÍA

Si así pasa,
el Alférez es mi esposo.

ALFÉREZ

Con la mano os rindo el alma.

DON GÓMEZ

Y yo, pues tantos me ruegan
por vosotras, mi venganza
trueco en amor.

DON FELIPE

Esos pies...

DON GÓMEZ

Los brazos son tuyos: alza.

PASTRANA
Doña Inés y yo queremos
hacer una tiritaña[112]
de su tinta y de su nieve.

DOÑA INÉS
Pues hoy es de bodas, vaya.

DON FELIPE
Don Juan y don Diego, amigos,
pues tuvieron mis desgracias
tan buen fin, vuestra asistencia
esta vez ha de aumentarlas.
Nuestros padrinos seréis.

DON JUAN
Alto, pues mi amor no alcanza
ser esposo, sea padrino.
Yo lo acepto.

DON DIEGO
Y yo, aunque estaba
por reñir con vos.

DON FELIPE
¿Por qué?

PASTRANA
Porque dije que la dama
era condesa sebosa[113].

---

[112] *tiritaña:* «género de seda delgada» *(Cov.),* es decir, «tejer o mezclar su tinta y su nieve», pero para el recto sentido de la frase habría de leerse: «hacer una tiritaña / *de mi* tinta y de su nieve».

[113] *sebosa:* 'portuguesa'. Era proverbial en la época el ardor amoroso de los portugueses. De la noción de portugués enamorado surgió la del portugués que se derrite ante el fuego del amor, no ya como cera, sino como sebo. De ahí la palabra *se-*

Don Diego
¡Buena burla!, aunque pesada.

Pastrana
¿Qué hacemos aquí señores?

Don Gómez
No más dómines en casa,
que en las hijas predominan
en vez de latinizarlas.
¿Cómo va la perlesía?

Don Felipe
Con la comedia se acaba
de mi Marta la Piadosa
mi mal, sí; no nuestras faltas.

---

boso a un doble significado de *portugués* y de *portugués enamorado*. Los ejemplos de la literatura del XVII son numerosísimos (véanse las notas 52 y 53 de *El Burlador*). Tirso emplea la palabra *seboso* en sus varias derivaciones: *portugués* («sebosiña bella» se llama a una dama ataviada a la portuguesa en *Por el sótano y el torno*), *enamorado* («sebosiña un poco está», se dice del enamoramiento del nuevo personaje) y como denominación insultante en sus dos acepciones en *Antona García*:

> Pues Isabel y Fernando
> reinarán en Toro hoy,
> que a pesar de desleales
> y sebosos, sobro yo. (Acto I.)
> ....
> ¡A buen tiempo, a fe de Dios,
> me requiebra y enamora!
> ¡Pelead, seboso, agora
> que mala Pascua os dé Dios! (Acto II.)